Κυριακή προσευχή

# 主の祈り

## 説教と黙想

及川　信
Shin Oikawa

一麦出版社

Soli Deo Gloria

目次

装画 柴田みどり
装釘 須田照生

# 「父よ」に関する黙想

## 無戸籍の子どもたち

「戸籍のない子どもたち」（NHK「クローズアップ現代」二〇一四年五月二十一日放映）というテレビ番組を観た。夫の激しいDVから逃れた妻が、新たなパートナーとの間に子どもが与えられても、その子はDV夫との間に生まれた子として戸籍に記されねばならない。法的に夫との離婚が成立していない以上、父権的色彩の強い現行法ではそうなる。

全国には、さまざまな原因で戸籍がない子どもたちが数百人いるという。彼らは、免許証、保険証をはじめとする氏名、年齢、性別、住所を証するものを一切持つことができない。従って、銀行口座も持てず、アルバイトの給料も親戚の口座に振り込まれ、職場ではその親戚の名（偽名）を使って働くことになる。保険も年金も無縁なままで。

番組の中で、ヒロミ（仮名）さんは、「今、最も恐れていることは交通事故だ」と言う。保険証も住民票も免許証もない自分が救急車で搬送されたとしても、治療費は払えず、自分が誰であるかを証明する手立てがない。また、死んでしまった場合、自分がどこの誰だかを誰にも知られずに死ぬことになる。出生届が出されていないのだから、死亡の事実を記載する書類もないのである。いわゆる「無縁仏」として処理されるほかはない。

生きている時も死ぬ時も、本当の自分を知る者はいない。誰にも知られない存在として生き、死んでいく。この世から消えていく。その空しさ、その悲しみは底知れず深いと言わざるを得ないだろう。彼女には、心底から「父よ」と呼べる対象がない。自分の存在を受け止めてくれる存在がいない。

ＮＨＫの報道から二か月後の朝刊（二〇一四年七月八日「朝日新聞」）に、二人の無戸籍の子の現実が報じられた。

二十二歳の康子さんは、大阪の釜ケ崎の日雇い暮らしで前科のある男性と、ＤＶの夫から逃げている女性との間に生まれた。その女性は出生届を出さぬまま、ほどなく家を出ていくことになる。父親が、前科のある人間の娘だと知られたら学校でも苛められ、結婚できなくなると心配して、康子さんを学校には行かせなかった。子どもに対する思いやりが動機ではあるが、結果として社会の中で生きる「子」の存在を抹殺し、さらに知的精神的成長の道を閉ざしてしまったのである。そのため、康子さんは字を読めず、将来の希望を聞いても「分からない」としか言えない女性になってしまった。父子の隔離された関係性に閉じ込められることで、人間としての成長ができなかったのである。

七十五歳になり、重い病気を抱えてもいる父親は娘を見つつ「全く私の責任です。こんな罪深いことはない」と言うのだが、その父親を康子さんは無表情に見つめる以外にない。何が自分の身に起こっているのか、また起ころうとしているのかも分からないのだろう。

現在は二十四歳になった翔太さんは、各地のパチンコ店を転々とするいわゆる「パチプロ」の父親と車上暮らしをしつつ成長した。父親がパチンコで日銭を稼いでいる間は公園で過ごし、コンビニ弁当を食べ、父が買ったひらがなと算数のドリルで勉強をした。二十一歳の時、いつも通り夕刻に帰ると、コインパーキングに停まっているはずの父親の車がなかった。三日待っても車は戻らなかった。「捨てられた」と思ったという。以前から、父親が自分には関心をもっていないことを感じていた。「他人との間には二重線を引いてちょうどいい関係。自然と感情を殺している」と、彼は言う。

## 父に見捨てられた子

父親によって、二年間アパートの一室に監禁されていた五歳の男の子の白骨死体が見つかったという報道もあった。死亡時から七年が経っていた。

その子は、結婚当時から借金が原因で争いが絶えない夫婦の間に生まれた。夫の暴力に耐えかねて、妻（母親）は当時三歳だった男の子を置いて家を出ていく。記事にはこうある。

「夜勤のトラック運転手だった斎藤容疑者は毎夜、コンビニのおにぎりと惣菜パン、ペットボトル飲料を与え、『パパ、パパ』と服の袖を引く三歳の理玖君を暗闇の中に残して出勤した。明け方に帰宅すると、これらを完食した理玖君が寝息を立てていた。和室に監禁状態になったのもこのころで、理玖君が接するのは父親のみだった。発育は自然と遅れ、話す言葉は『パパ』『ごはん』くらい。箸も使えなかった。トイレも使えないため、紙おむつ。風呂に入ることもなかった。『仕事と育児に疲弊した』。斎藤容疑者は〇四年ごろの生活について、こう説明したという。栄養の偏った食生活。理玖君の手足は細り、歩くのもやっと。あばら骨は浮き出てきたという。にもかかわらず〇五年ごろ、車上生活や新たにできた恋人との生活で、理玖君の存在は遠のいていった。〇六年夏ごろになると、週五回ほどだった帰宅は、一、二回に減った。

斎藤容疑者は、生存している理玖君を最後に見たのは〇六年十月だったと説明。理玖君は自力で立ち上がれず、パンの袋も開けられなくなっていた。『パパ』。消え入りそうな声を絞り出すのがやっとで、怖くなって逃げ出す斎藤容疑者に追いすがることもできなかったという。和室にはおにぎりとパンの空き袋がひざ上までたまり、他の部屋にも散乱していた。替えたおむつはゴミ袋に入ったまま放置されていた。ゴミの上に敷かれた布団の上で白骨化した理玖君が見つかったのは一四年五月三十日。生きていれば十三歳の誕生日だった」。

父親は、現況を人に知られることを恐れて、粘着テープを張って部屋の出入りができないようにし、雨戸も閉め切っていたという。暗黒の中で、ひたすら「パパ」の帰りを待ち、ほんの一瞬でも触れ合いを求め続けながら、ついに「パパ」に見捨てられてゴミの中で息を引き取る幼児がいる。父親が、発覚を恐れて五年間家賃を支払ったがゆえに、理玖君は誰にも看取られることなくその部屋で息を引き取り、誰にもその存在を知られぬままに白骨となっていった。その存在を受け止めて抱きしめてくれる「パパ」は、この世にはいなかった。

しかし、「いなかった」と思うことで、私は生きていけるのか。「この幼児が、自分でなくてよかった」と思うことで、何食わぬ顔をして生きていけるのか。この世の「パパ」を超えた「父」が、理玖君にはいないのか。いないとすれば、彼の存在は何なのか。また、「パパ」であることを放棄した父にも、縋るべき「パパ」はいなかったのではないか。

**十六歳の冬**

高校一年の冬、何を思ったか、冬の北海道の各地にテントを張りつつ回る独り旅を試みたことがある。大冒険をしようとした訳でもなく、ただ行ってみたかっただけである。まだＳＬが走っている時代であり、携帯電話など思いもよらない時代のことである。人の気配が全くせず、物音一つしない雪原の上に張ったテントの中で、「今夜、雪が大量に降れば、恐らく埋もれてしまって死んでしまうだろう」と漠然と考えた。

その時、自分でも不思議だったのは、「死ぬことは仕方ない」と思えたことだ。しかし、「これだけは耐え難い」と思ったのは、雪の世界に独りうずくまっている自分の存在を誰も知らないことだった。自分が「北海道にいる」のを知っている人がいても、それは何の意味もない。今の自分の存在、その状況、心境を知っている存在がいなければ、そして共に生きてくれなければ、人は生きていけないことを知った。もちろん、その場合の「生きる」とは、単に肉体の生のことではない。「人としての生」のことだ。その「生」を支える存在は、「人」ではあり得ない。その存在と出会わない限り、人はその心に根源的な不安を抱えつつ、「孤児」（みなしご）として生きざるを得ないことを、その時知った。

## コインロッカーベイビー

「根源的な不安」を自覚した高校時代に、コインロッカーベイビー事件が起こった。生まれたばかりの赤ん坊が、ビニール袋に入れられ、駅のコインロッカーに捨てられていたのだ。一件起きると、立て続けに何件か起きた。当時は、若者たちの性意識や行動が変化し始めた時代であり、子どもを産んでも育てることができない十代の女子が、駅のトイレで産み、そのままロッカーに捨てたのではないかと想像されていた。もし、その想像が当たっているとすれば、その女子は交際相手に捨てられ、頼るべき親からも捨てられているのかもしれない。誰からも顧みられず捨てられた者が、子を捨てるのではないか。

この事件が起こる前までは、愛された時が一瞬でもあれば、人は生まれた甲斐があり、その命には意味があると思い込もうとしていた。

だが、コインロッカーベイビーは母胎にいる時に既に疎まれており、胎から出てきた場所は排泄の場所であり、親から名付けられることもなく、暗黒のロッカーに捨てられる。父となるべき人間は、とっくのとうに母子を見捨てている。捨てられた母は子を捨てる。

父からも母からも、一瞬たりとも愛されることなく闇の中に死んでいく命がある。その事実をどう考え、どう受け止めたらよいのか分からずに悶々とした。

しかし、コインロッカーに我が子を捨てる母親、その母親を捨てる男（父親）もまた、自分は捨てられていると思わざるを得ない人なのかもしれない。彼らのその後は、誰にも言えない秘密を抱えつつ、深い闇の中を孤児として生きざるを得ないものだろう。表面的な振る舞いはどうであれ。

## 十字架の神の子

**「わが神、わが神、なぜわたしをお見捨てになったのですか。」**

（マタイ二七・四六）


十字架上のイエスの叫びである。この叫びの後、イエスは息を引き取る。

神に「見捨てられた」と思いながら、その神に向かって「わが神」と叫びつつ、その理由を問う。そこにある緊張あるいは矛盾は、十字架に磔にされる前夜の祈りの中にある。イエスはそこで「わたしは死ぬばかりに悲しい」（マタイ二六・三八）と呻き、三人の愛弟子に「共に目を覚ましていなさい」と願う。そして、「父よ、できることなら、この杯をわたしから過ぎ去らせてください。しかし、わたしの願いどおりではなく、御心のままに」（同二六・三九）と祈るのである。

父が今、自分を捨てようとしていることをイエスは知っている。それは、父と一体の交わりを生きてきた子にとって、「死ぬばかりに悲しい」ことである。

なぜ、イエスにとって「父」であり「わが神」である方は、子である自分を捨てるのか。なぜ、自分は「杯」（十字架の死）を飲まねばならないのか。実は、イエスはその理由を知っている。この世に生きる「孤児」たちに、「父」がいること、またどんな時でも「わが神」と呼べる神がいることを教えたいと、イエスの父は願っている。その願い（御心）の実現のために、父と一体の交わりをしていた独り子である自分が死ななければならない。捨てられたすべての者たちを、父が「我が子」として迎え入れるために、自分が神と人から見捨てられなければならない。その孤独の死を通してでなければ、全く新しい命の創造としての復活は起こらず、神の国が完成することはないのである。イエスの父である神は、その完成に向かって前進しようとしている。

イエスは、父の願いを知っている。その願いを自分の願いとすることに喜びを感じているかどうかは分からない。しかし、父の願いの中に、自分の独り子の命を与えてまで罪人を救おうとする愛があることを知り、その愛に心を打たれていることは確かなのではないかと思う。しかし、父の願いやイエスの心を知る者は、この世にはいない。

十字架による処刑死の前の晩、死ぬばかりの悲しみの中でイエスが祈る時、「共に目を覚ましていなさい」と言われた弟子たちは眠りこんでいた。イエスが、十字架の上で叫ぶ時、十字架のもとにいた人々は誰もイエスの叫びの意味を知らなかった。この世の誰も自分のことを知らない。どんな思いで生きており、どんな思いで死のうとしているのか。そのことを知る者がいない。イエスは、そういう孤独の中で息を引き取ることになる。

天におられる父は、すべてを知っているはず。だが、十字架の上で叫ぶその時、イエスにも父の御顔は見えず、その御声も聞こえなかったのではないか。そういう孤独の闇の中で「父よ」と祈り、「わが神、わが神」と叫ぶ。顔は見えず声は聞こえずとも、「父」はおり、「わが神」は孤独の中で死んでいく自分の姿を見ており、祈りを聞いてくれていると信じて息を引きとる「神の子」がここにいる（同二七・五四）。彼の願いは、自分が生き永らえることではなく、すべての孤児に父がいることを知らせることなのだ。

無戸籍の子どもたちの孤独を知り得るのは、十字架のイエスだけなのではないか。幾度も「パパ」と呼びながら息を引きとった幼子の隣で、この十字架のイエスもまた共にいて「パパ」と呼んでいるのではないのか。誕生と同時に、あのコインロッカーの中に入れられてしまった赤ん坊の悲しみを共にできるのは、このイエスだけなのではないのか。

## 迷子

そういう子どもを作り出す親たちも、「自分は捨てられている」という絶望感を抱いており、子を捨てて以後は、深い罪責感を隠し持ちつつ生きていく他にないだろう。彼らもまた、心の底から「父よ」と呼ぶ相手がいない「孤児」であり、自分がどこにいるのか分からない「迷子」なのではないか。

自分のことを誰も知らないと思った高一の冬、何を知ったかと言うと、自分のことを自分も知らないという空虚さなのだと思う。自分の命の創造者と出会っておらず、「父よ」「わが神よ」と呼ぶことができない時、人間は多かれ少なかれ孤独な迷子なのである。そのことを自覚しているか否かの違いがあるにせよ、迷子である限り、すべての人間に本来与えられている目的地にたどり着くことができないことに変わりはない。

**自分が何をしているのか知らない**

イエスの十字架上の言葉には、こういうものもある。

「**父よ、彼らをお赦しください。自分が何をしているのか知らないのです。**」
（ルカ二三・三四）

ＤＶの夫、暗室に幼子を捨てた父親、コインロッカーに赤ん坊を捨てた女、その女を捨てた男、子どもを学校に行かせなかった父親、パチンコ屋を転々としつつ、忽然と姿を消した父親、世間的、人道的に正しく生きているが創造主と出会っている訳ではない人間、つまり孤児であり迷子であるすべての人間のために、イエスは罪の赦しを求めて祈る。

この方と出会い、この方の前に罪を悔い改めて跪く以外に、人は神と出会うことはなく、その神を「父よ」と呼ぶことはできないのではないか。もしそうであるなら、人はただ川面に浮かんでは消える泡のような空しい存在にすぎないのではないか。浮かんでいる時間が数秒であれ百年であれ、その本質においては何ら変わることはないし、永遠に比すれば、数秒も百年も変わることはない。

## 招き

「祈るときには、こう言いなさい。『父よ』」と語りかけつつ、イエスは私たち一人ひとりを永遠の神の国へと招いているに違いない。

罪人（孤児）の罪が赦されるように祈り求めるイエスに、神はすべての人間の罪を背負わせて裁き、陰府にまで下らせたもうた。その裁きを一身に受けたイエスを、神は三日目に復活させ、天に挙げ、ご自身の右の座に着かせた。そのことを通して、ご自身が、闇の中に死んだ子どもたちを見捨てず、子どもたちを捨てた親も見捨てない「父」であることをお示しになったのではないか。そして、この父は、世の終わりの時に、すべての生者と死者を御前に立たせるのである。

パウロは、こう言っている。

**「キリストが死に、そして生きたのは、死んだ人にも生きている人にも主となられるためです。それなのに、なぜあなたは、自分の兄弟を裁くのですか。また、なぜ兄弟を侮るのですか。わたしたちは皆、神の裁きの座の前に立つのです。」**（ローマ一四・九〜一〇）

この裁きで問われるのは、御姿を示されるキリストへの信仰（信頼）であり、この世における行状ではない。キリスト者は、この世にある時既に信仰を与えられ、洗礼を通して新たにされた者たちである。しかし、そのキリスト者も神の裁きの座の前に立つ。その時、感謝と喜びをもって信仰を新たに告白するならば、その者は復活させられた「御子の姿に似たもの」（ローマ八・二九）とされ、御子と共に「父よ」と呼ぶことが許されるのである。

この世にある時に信仰を与えられなかった者も、神に裁かれる時には、御子イエス・キリストの十字架の死と復活による罪の贖いの事実を知らされるのではないか。そして、「主よ、信じます」と信仰告白をする「機会」が与えられる。その機会を捉える時、その人もまた、「死なないものを着る」（Ⅰコリント一五・五四）ことを通して、「顔と顔を合わせて」神を見つつ（同一三・一二）、「父よ」と呼ぶことができるのではないか。

イエスは、天地を貫き、肉体の生死を超えた全生涯を通じて、「父よ」と呼ぶことができるように、すべての人間を招いている。その招きに応える機会は、すべての人間に生死の境を超えて与えられている。

**神の子**

イエスは、復活を否定するサドカイ派の人々に向かって、こう言った。

**「この世の子らはめとったり嫁いだりするが、次の世に入って死者の中から復活するのにふさわしいとされた人々は、めとることも嫁ぐこともない。この人たちは、もはや死ぬことがない。天使に等しい者であり、復活に与る者として神の子だからである。」**（ルカ二〇・三四〜三六）

私たち人間に本来与えられている目的地は、イエスの言う「次の世」であり、そこで復活に与ったすべての者たちが「神の子」として父の御顔を見つつ、感謝と喜びの礼拝をささげる。そこに神による救済の歴史の終わり、完成がある。キリスト者は、この世に生ある時に御子イエス・キリストを通して父と出会い、「父よ」と呼びつつはるかに御国の完成を仰ぎ望みながら生きることができる。その感謝と喜びへと、また希望へと、イエスは今日も私たちを招いているのである。

「祈るときには、こう言いなさい。
『父よ、
御名が崇められますように。
御国が来ますように。』」

（ルカ一一・二）

# 祈りを教えてください

〈主の祈り 1〉

ルカによる福音書一一章一節〜四節
マタイによる福音書六章五節〜一三節

イエスはある所で祈っておられた。祈りが終わると、弟子の一人がイエスに、「主よ、ヨハネが弟子たちに教えたように、わたしたちにも祈りを教えてください」と言った。そこで、イエスは言われた。
「祈るときには、こう言いなさい。
『父よ、
御名が崇められますように。
御国が来ますように。
わたしたちに必要な糧を毎日与えてください。
わたしたちの罪を赦してください、
わたしたちも自分に負い目のある人を
皆赦しますから。
わたしたちを誘惑に遭わせないでください。』」

「祈るときにも、あなたがたは偽善者のようであってはならない。偽善者たちは、人に見てもらおうと、会堂や大通りの角に立って祈りたがる。はっきり言っておく。彼らは既に報いを受けている。だから、あなたが祈るときは、奥まった自分の部屋に入って戸を閉め、隠れたところにおられるあなたの父に祈りなさい。そうすれば、隠れたことを見ておられるあなたの父が報いてくださる。また、あなたが祈るときは、異邦人のようにくどくどと述べてはならない。異邦人は、言葉数が多ければ、聞き入れられると思い込んでいる。彼らのまねをしてはならない。あなたがたの父は、願う前から、あなたがたに必要なものをご存じなのだ。だから、こう祈りなさい。

『天におられるわたしたちの父よ、
御名が崇められますように。
御国が来ますように。
御心が行われますように、
天におけるように地の上にも。
わたしたちに必要な糧を今日与えてください。
わたしたちの負い目を赦してください、
わたしたちも自分に負い目のある人を
赦しましたように。
わたしたちを誘惑に遭わせず、
悪い者から救ってください。』」

先月末のイースター礼拝で、私は「アッバ、父よ」と題して語りました。イエス様は神様に祈る時、「アッバ」と呼びかけたのです。「アッバ」とはアラム語で「お父ちゃん」という意味です。世界中にひとりしかいない父親、自分のことを誰よりも深く強く愛してくれる父親を「お父ちゃん」と呼び、その胸に飛び込む。その腕に抱きしめられる。そこに幼子の喜びがあります。安心があります。父親も、たったひとりしかいない愛する息子に「アッバ」と呼ばれることが嬉しくて仕方ない。「お父ちゃん」と呼ぶ息子を抱きしめる時、父親には深い喜びがあるものです。

## アッバ　父よ

神様とその独り子であるイエス様の関係は、そういう喜びに満ちたものだと思います。他の誰も入り込めない親密な愛の交わりが、そこにはあるのです。

イエス様が、神様を「アッバ」「お父ちゃん」と呼んだことに人々は腰を抜かさんばかりに驚いたのです。当時のユダヤ人、それも「信仰深い人である」と自他共に認めていた祭司や律法学者は、祈る時に長い修飾語をつけて神様を呼んでいました。「天地をお造りになり、統べ治めたまい、我らイスラエルの民をエジプトの奴隷状態から救い出してご自身の民となしたまい、目の瞳のように愛してくださる偉大にして憐れみ深い並ぶ者なき唯一の神よ」というふうに祈り始めたのです。人々はそういう祈りが立派な祈りだと思い、また神様に聞き届けられるものだと思ったようです。分かるような気がします。

今の教会の中にも見られる傾向だからです。長老とか牧師になると人前で祈る機会が増え、予め準備することが求められますから、自分の言葉ではない祈りになることがあります。よそ行きの言葉というか、体面を取り繕う言葉になってしまう場合があるのです。最悪なのは、神様に向かって祈るのではなく、人に聞かせることを意識し始めることです。

幼子にとっては、父親がどんな肩書きを持っているかは関係ありません。「お父ちゃん」は「お父ちゃん」です。肩書きなどを並び立てて呼ぶことなどあり得ません。また、言葉を取り繕う必要もありません。幼子にとって問題なのは、父が自分を愛してくれているかどうかだけです。しかし、幼子が成長するに従って立派な肩書きがある父親を誇りと思うようになり、自分もそういう肩書きを得て評価されることを求め始めるものです。それは、健全に成長している証かもしれません。でもその成長の中で、健全な親子関係を喪失していくことがしばしばあるのではないでしょうか。

**神の子としてのキリスト者**

イエス様は目を天に向けて、あるいはうつむきつつ、いきなり「アッバ」と父を呼び、祈り始めたのです。その時の顔、その声、その姿に人々は驚いたのです。神様とのあまりの親しさに度肝を抜かれたのです。「アッバ」とは、そういう響きを持った言葉です。だから、ギリシア語で記された新約聖書に、突然アラム語の「アッバ」が出てくるのです。

使徒パウロは、キリスト者とは神様を「アッバ」と呼べる人間のことだと繰り返し語りました。キリスト者とは、神を父に持つ「神の子」だというのです。私たちが聖霊を心に受け入れる時、私たちは神様に向かって「アッバ」「お父ちゃん」と呼べるようになります。そのお父ちゃんの胸の中に飛び込むことができる。そこにしかない安心、平安、喜びを味わうことができる。それがキリスト者に与えられた「救い」だと、彼は言います。それは本当のことです。

**ルカとマタイの主の祈り**

ルカ福音書に出てくる主の祈りは、私たちが毎週の礼拝で一緒に唱える主の祈りと比較すれば簡潔です。主イエスが弟子たちに教えた主の祈りは、マタイ福音書にも出てきます。マタイの方では「父よ」

ではなく、「天におられるわたしたちの父よ」となっていますし、ルカにはない「御心が行われますように、天におけるように地の上にも」や「悪い者から救ってください」という祈りもあります。つまり、私たちが祈る「主の祈り」に近いのです。私たちは今、ルカ福音書を読み続けていますけれど、この箇所に関してはマタイをも含めた「主の祈り」を通して御言葉に聴いていきたいと思います。そして、私たちの祈りを深め、神様との愛の交わりを深めていきたいと願っています。

**受洗準備**

週報に記載されていますように、来週の長老会では受洗志願者の試問会があります。N・Tさんが、イースター礼拝の後、洗礼を受けることを私に申し出られたのです。礼拝後に「洗礼を受けるとするなら、それは今でしょ」という言葉が思わず口から出てきた、とおっしゃっています。今、試問会に備えて準備をしています。

洗礼を受けるための準備はいろいろありますが、柱は二本です。一つは、「日本基督教団信仰告白」を学ぶことです。日本基督教団に属する教会の信徒であれば、誰もが告白する信仰告白です。聖書信仰、贖罪信仰を学び、聖霊によって誕生した教会とは何であるかを学び、最後に代々の教会が告白してきた「使徒信条」を学ぶのです。

私たちキリスト者の信仰は、漠然とした神を漠然と信じることではありません。代々の教会が宣べ伝えてきたイエス・キリストを信じていることが明確でなければ、洗礼を授けることはできません。

その信仰告白の学びとともに重要な柱は「祈る」ことです。信仰生活とは、神様に向かって祈りつつ生きることだからです。それは、漠然とした神に向かって手を合わせることではなく、イエス・キリストを通してご自身を啓示してくださった神様を「父」と呼んで祈ることです。だから、「神様を信じます。でも祈りはできません」ということはあり得ません。「上手に祈れないので祈りません」も、意味のない言葉です。

幼子は、巧みな言葉で父親を呼び、話しかけるわけではないでしょう。幼稚なものでも、心からの愛と信頼をもって「お父ちゃん」と呼びかけて必死に話しかけるのです。そして、父が語りかけてくる言葉を必死に聞く。それが愛と信頼で結ばれた親子の会話です。上手いも下手もありません。祈りもそうです。

イエス・キリストが、十字架の死と復活を通して自分の罪を赦してくださった。神様は、イエス・キリストを救い主として私たちに送ってくださった。そのイエス・キリストを信じる。その信仰によって、神様を「お父さん」と呼ぶことができる。そのこと自体が嬉しいのです。そして、その神様に様々な願い事や感謝の報告ができる。それが嬉しい。嬉しいから折りある毎に祈る。神様との交わりの時を持つ。それが信仰に生きる喜びです。

**天における喜び**

牧師という務めは、実に恵まれた務めだと思うことがあります。その一つの理由は、人が祈り始める瞬間を目の当たりにすることができることにあります。

赤ちゃんが言葉らしい言葉を発した瞬間、寝返りをうった瞬間、立ち上がった瞬間、歩き始める瞬間を見ることができた親の心は喜びに満たされます。

人が祈る。それまで父を知らず、自分の命は自分のもの、自分の人生はどう生きようが自分の勝手と思っていた人間が、つまり神様との交わりから離れていた罪人が、戸惑いや恥ずかしさを感じながら、でも確かな感謝と喜びをもって、初めて「天のお父様」と呼ぶ瞬間、天の父がどれほど大きな喜びを感じているかが分かります。それが伝わってきます。だから、私も喜びに満たされます。

イエス様は、この先の一五章でいくつもの譬話をなさいます。その最初は、群れから離れて迷ってしまった一匹の羊を捜しに出かけて、ついに見つけ出して喜ぶ羊飼いの譬話です。

そこで、イエス様はこうおっしゃいます。

**「言っておくが、このように、悔い改める一人の罪人については、悔い改める必要のない九十九人の正しい人についてよりも大きな喜びが天にある。」**（ルカ一五・七）

「悔い改める」とは父の許に帰ることですし、「父よ」と呼ぶことです。罪の赦しを乞い求め、また赦してくださることを信じ、感謝して「お父さん」と呼ぶことです。その悔い改めだって、イエス様に捜し出していただけたからできることですから、悔い改めることができた者にとっての大きな喜びです。イエス様に見捨てられれば終わりです。でも、私たちは誰も見捨てられていません。捜し出していただいたのです。だから嬉しいのです。でも、それにも増して「大きな喜びが天にある」のです。赦される者の喜びよりも、赦す神の喜びの方が大きい。「父よ」に始まる祈りをイエス様が教えるのは、弟子たちを父なる神に立ち帰らせ、神の子とするためです。そこに父なる神様の大きな喜びがあるのです。その二つの喜びに向かって、イエス様は祈りを教えてくださるのです。

## 主にある兄弟姉妹

キリスト者とは何であるかの定義は、いろいろあるでしょう。「キリスト者とは祈る人のことである。それも、主の祈りを祈る人のことである」と言われることがあります。それは本当のことだと思います。私たちは、主イエスから教えられた祈りをささげることによって主イエスと結びつき、そして、父なる神様と結びつき、私たち同士も互いに結びつくのです。

先週の礼拝では、福島教会の似田兼司牧師が説教をしてくださいました。似田牧師は「今日も明日も、その次の日も」という主イエスの言葉を題とする、非常に深く、力強い説教をしてくださいました。ある方もおっしゃっていましたが、神様が今の福島教会に最もふさわしい牧師を送ってくださったことをも知らされて、神様を心から賛美いたします。

午後は、二人の婦人が震災後二年間の歩みを誠実に語ってくださいました。お二人とも、震災後に与えられた中渋谷教会との交わりを深く感謝してくださいました。それはもちろん、私たちへの感謝であるよりは、そういう交わりを与えてくださった神様への感謝です。私たちも同じく神様に感謝しています。

T・Kさんは、お話の中でこうおっしゃいました。

「私たち東北人はどうも他の人との交わりが苦手なのですが、中渋谷教会の方々とお交わりをさせていただき、主にある兄弟姉妹の交わりが本当に嬉しくいかに心の通い合うものであるかを知りました。震災後、『絆』という言葉がよく使われますが、『主によって結ばれた絆』こそが、ほんとうの『絆』ではないかと思います」。

「主にある兄弟姉妹」。これは、教会ではごく普通に使われる言葉です。しかし、これは「普通」のことではありません。肉の家族よりも深い絆がある、と言っているからです。私たちキリスト者は、父を同じくする家族の絆で結ばれているのです。それは、「主」であるイエス様が与えてくださった絆です。イエス様が、私たちの罪の赦しのために十字架で死んでくださった。罪人として処刑されながら、私たちの罪が赦されるように父に祈ってくださった。その贖いの御業によって与えられた絆です。そして、イエス様を父なる神様が復活させ、天に挙げ、天から聖霊を注いでくださったことによって与えられた絆なのです。

神様から送られた聖霊によって、私たちは神様を「アッバ、父よ」と呼ぶことができる人間、「神の子」とされました。イエス様を長子とする神の家族の兄弟姉妹にされたのです。その交わりの中でしか通い合わない心があります。その心の通い合いを、先週、私たちは感じました。今この時も、福島教会や石巻山城町教会でも「父よ」と呼ぶ祈りがささげられ、主イエス・キリストに対する礼拝がささげられています。その「父」の許で、私たちは今も一つの家族の交わりの中に生かされている。兄弟姉妹の絆の中に生かされている。主イエスの「祈るときには、こう言いなさい。父よ」とは、この絆への招きでもあります。

## 父よ　子よ

以上のことを踏まえた上で、ルカ福音書の世界に入っていきたいと思います。

ルカ福音書は、主イエスが祈る姿を何度も描く福音書です。その最初は、イエス様が洗礼者ヨハネから洗礼を受けた時です。イエス様は、群衆の只中で祈っておられました。その時、「天が開け、聖霊が鳩のように目に見える姿でイエスの上に降って来た」とあります。そして、「あなたはわたしの愛する子、わたしの心に適う者」という声が天から聞こえたのです。これはとても大事なことです。

祈りは、ただ単に神様に語りかけることではありません。祈りの中に神のみ声を聞く、御心を示される。そういうことがあるからです。「父よ」と呼ぶだけでなく、「子よ」と呼ばれる。神様が私たちを「愛する子よ」と呼んでくださる方だからこそ、「父よ」と呼ぶことができるのです。その祈りの本質、交わりとしての本質がこの最初の場面に出てきます。だから、「父よ」と祈りなさいとは、「子よ」と呼ばれていることを知りなさい、ということでもあります。

**荒野の祈り**

五章一六節には、「イエスは人里離れた所に退いて祈っておられた」とあります。「人里離れた所」とは、「荒野」とも訳される言葉です。中渋谷教会の週報の表紙には、だいぶ前から「荒野の祈り」と題される絵が印刷されています。私が学生時代に通っていた京都の北白川教会は、日本家屋の和室で礼拝を守っていました。説教卓の後ろが床の間で、その床の間にこの絵が飾られていましたから、私にとっては思い入れの深い絵です。その「荒野の祈り」が、北白川教会の母教会ともいえる中渋谷教会の週報の表紙を飾っていることを嬉しく思っています。

その絵の中で、岩の上に腰掛けるイエス様の姿には深い孤独感が漂っています。荒野ですから周囲には誰もいませんし、人が近づける雰囲気でもありません。深い静寂が支配しています。しかし、そのイエス様の姿に孤独から生じる寂しさや絶望感が漂っているわけではありません。イエス様はたった独りなのですが、父との交わりを持っておられる。心の奥底にある呻きのような思いを「アッバ、アッバ」

と呼びかけつつ語っておられる。そして、父から語られる言葉、その御心を聴いている。それは、十字架の死と復活という恐るべき御心です。神は、ご自分の愛する子を犠牲にしてまで罪人をご自身の子として迎え入れようとされる。イエス様は、その恐ろしいまでに深く強い愛を知らされて、恐れに心を震わせつつ、神様の愛に感動している。独り子を与えるほどに罪人を愛する父なる神と、その御心に応えてご自身の命を十字架の上にささげようとする神の子としてのイエス様。その父と子の間にある交わりは、本来誰も近づくことができないものだと思います。

## 弟子たちのための祈り

六章では、世界中にイエス・キリストを宣べ伝えることになる十二弟子を選任する時、イエス様が徹夜で祈られたとあります。イエス様は、伝道者をお立てになる時に夜を徹して祈ってくださる。それは、私たち伝道者にとってはあまりに重いことです。でも、いつだってイエス様の祈り、熱い愛と赦しの祈りの中に置いていただかなければ、私たち伝道者は善きことは何もできないことも確かです。

さらに、弟子の筆頭であるペトロが「キリスト告白」をする直前にもイエス様は祈り、その直後、「祈るために」山に登られました。そこで主イエスの姿は栄光の姿に変えられました。その時は、ペトロとヨハネとヤコブの三人の弟子たちを同行させました。その時彼らは「これはわたしの子、選ばれた者。これに聞け」という神の声を聞いたのです。弟子たちが、イエス様と神様との祈りの世界に入りつつあることが分かります。

今日の箇所と深い関連があるのは、一〇章二一節以下です。イエス様に派遣された七十二人の弟子たちが、伝道の旅から帰ってきた場面です。その伝道の旅は、「財布も袋も履物も持たない」裸一貫の旅です。明日のことを思い煩うことなく、ただイエス様の言葉だけを信じ、神様に一切を委ねて、神の国が到来していることを告げる旅なのです。彼らはどれだけ不安だったか分かりません。その伝道の旅の中で、彼らは様々な困難や苦しみを経験したでしょう。でも、彼らはちゃんと生きて帰ってきました。イエス様の名前を使うと悪霊までもが退散する現実も経験して帰ってきたのです。そこに幼子の喜びがあります。

**聖霊による祈り**

弟子たちの伝道報告を聞いた時、イエス様は「聖霊によって喜びにあふれて」、父に祈られました。そして知恵ある者や賢い者ではなく、幼子のような弟子たちに神の国が到来したことを知らせてくださる神様を賛美されたのです。そして、父のことは子と、子が知らせたいと思う者だけが知るとおっしゃいました。

「知る」という言葉が聖書に出てくる時、それは知識として知ることではなく、交わりにおいて知ることです。愛と信頼の交わりの中で知ることなのです。それは、父を「アッバ」と呼ぶ幼子が持っている愛と信頼のことです。今、弟子たちが、そういう幼子として父を知ることができた。そのことを知った時、イエス様は「聖霊によって喜びにあふれて」祈られました。祈りは、聖霊の注ぎの中で与えられるものなのです。聖霊こそが父と子を結び、私たちと父を結び、私たちと父と主イエスを結ぶものだからです。

**祈りを教えてください**

今日の箇所は、「イエスはある所で祈っておられた」という言葉から始まります。その姿は、「荒野の祈り」に描かれているように、たった独りで神様と語り合う姿です。独特の親密さを感じさせる姿です。弟子たちは、そのイエス様の姿を何度も見ながら強い憧れを感じていたと思います。弟子である限り、師のようになりたいと思うのは当然のことです。また、洗礼者ヨハネの弟子たちはヨハネから祈りを教えられていたようです。だから、彼らは「わたしたちにも祈りを教えてください」と頼みました。それは、イエス様の願いでもあったと思います。信仰によって幼子のようになってきた弟子たちが、神様との愛と信頼の交わりに入り、永遠の絆を持つことをイエス様も願われたと思います。だから、イエス様は「祈るときには、こう言いなさい。父よ」と教え始められたのです。

**聖霊による祈り**

今日は主イエスが祈りを教えられた後に語られた譬話を、少しだけ見ておきます。イエス様は真夜中に友だちを起こしてパンを求める常識外れの男の話をします。そして、「執拗に求め続けよ」と言われるのです。それに加えて、私たちは愚かで悪い者であっても、魚を求める子どもに蛇を与えることがないように、「まして天の父は求める者に聖霊を与えてくださる」とおっしゃるのです。

**「まして天の父は求める者に聖霊を与えてくださる」**

イエス・キリストの父であり、私たちの父となってくださる神様は、「わたしをアッバ、父よ」と呼んで欲しいと求めておられるのです。そこに私たちの救いがあるからです。「神の子」となることが救

いだからです。だから神様は、私たちが「父よ」と呼ぶ前から、実は「子よ」と呼んでくださってい
る。「子よ、帰って来い」と呼んでくださっているのです。その声は、聖霊によってしか聞くことがで
きない声です。その声が聞こえた時、私たちも思わず「父よ」と呼ぶでしょう。群れから離れ、崖から
も転げ落ちてしまった羊は、自分を呼ぶ羊飼いの声が聞こえたなら、思わず「メ〜」と鳴くでしょう。
「聖霊」は、「息」とも「風」とも訳される言葉です。息をしなければ、私たちは死んでしまいます。
神様から送られる息を心に受け入れて、神様を「父よ」と呼びつつ生きる。そこに私たちの本当の命、
神様が与えようとしている永遠の命があるのです。だから、「聖霊を求めなさい」とイエス様は言われ
る。「父からの息を求め、父と息を合わせて生きなさい。執拗に求め続ければ父は必ず聖霊を与えてく
ださる。だから求めなさい」と。

**八木重吉**

最後に、八木重吉という信仰に生きた詩人の詩を三つ読みます。

　　てんにいます

てんにいます
おんちちうえをよびて
おんちちうえさま
おんちちうえさまと　となえまつる

## 祈りを教えてください〈主の祈り 1〉

いずるいきに　よび
入りきたるいきに　よびたてまつる
われは　みなをよびまつるばかりのものにてあり

もったいなし

もったいなし
おんちちうえ　と　となうるばかりに
ちからなく　わざなきもの
たんたんとして　いちじょうのみちをみる

われちちとよぶ

われちちとよぶ
われをよぶこえもあり
そのこえのふところよりながむれば
きりすとの奇蹟の　やすやすとありがたさ

吸う息、吐く息の中に「父よ」と呼ぶ。その祈りの中で「子よ」と呼ぶ声を聴く。そして、父の懐に入るとき、御子の十字架と復活の奇蹟のありがたさが身に沁みて、賛美が溢れてくる。イエス様は、その祈りの世界に私たちを招いてくださっているのです。感謝です。

聖なる父なる御神

御名を崇め、感謝をいたします。あなたより離れ、背き、もはやあなたを「父よ」と呼ぶことができない者をあなたは顧み、なお子として迎え入れようとし、ついにあなたの御独り子主イエス・キリストを世に遣わし、私ども罪人の身代わりにあの十字架の上につけたまいました。御子は、あなたのみ心を知り、深い畏れと喜びをもってご自身を十字架にささげてくださり、私どもの罪の贖いとなってくださいました。その御子をあなたは甦らせ、天に挙げ、私たちとの命の繋がりをつけ、死と甦りを通した絆を築いてくださいました。心から感謝をいたします。御神どうぞ、聖霊を私どもに降し、そして私どもの心を開き、入る息出づる息を通して、あなたとの交わりに生きることができますようにしてください。そしてそのことを通してあなたを証しすることができますように。これより一週間の歩みを祝福し、そのことのために遣わしてください。主イエス・キリストの御名によって祈ります。アーメン

（二〇一三年四月二十八日）

## 〈主の祈り 2〉

ルカによる福音書一一章一節～四節
マタイによる福音書六章五節～一三節

# 祈るときにはこう言いなさい

今日は、主にマタイ福音書の方を読んでいきます。

### マタイにおける祈り

ルカでは、弟子の一人が「主よ、ヨハネが弟子たちに教えたように、わたしたちにも祈りを教えてください」と頼むことから始まります。既に十二弟子は選ばれています。マタイでは、十二弟子の選任は一〇章です。祈りが教えられる箇所は、「山上の説教」と呼ばれる長い説教の中においてです。聴衆は、ペトロをはじめとする四人の弟子たちと大勢の群衆です。その人々に向かって、イエス様は「心の貧しい人々は、幸いである、天の国はその人たちのものである」と語り始め、その中で当時のユダヤ教徒にとって大切な宗教的義務である「施し」「祈り」「断食」に関してお語りになるのです。その「祈り」の部分が、後にキリスト教会が大切にしてきた「主の祈り」となるのです。

イエス様は、こうおっしゃいました。

**「祈るときにも、あなたがたは偽善者のようであってはならない。偽善者たちは、人に見てもらおうと、会堂や大通りの角に立って祈りたがる。はっきり言っておく。彼らは既に報いを受けている。」**（マタイ六・五）

イエス様から「偽善者」と呼ばれている人々は、当時の人々から見れば熱心な信仰者です。彼らがそのように見せているからです。しかし、祈りは人に見せる目的でするものではありません。たとえ人前で声に出して祈るとしても、それは人と共に祈るのであって、人に見せるためではありません。そもそも、彼らの祈りは祈りではありません。祈りの体裁が整っていることと、祈りとは関係がないからです。次に出てくる「異邦人」とは、文字通りの意味ではユダヤ人以外の人々のことですが、本質的には真の神を知らない人々のことです。だから、熱心な信仰者を装いつつ神を信じていない「偽善者」と大して変わりはないのです。彼ら異邦人は「言葉数が多ければ、聞き入れられると思い込んでいる」のです。お百度参りではありませんが、熱心に求め続ければ神様が根負けして、自分たちの願いを聞いてくれると思っている。

私たちは前回、「求めなさい。そうすれば、与えられる」というイエス様の言葉を読みました。執拗に求めることを、イエス様は願っておられます。でも、それは「父」を知り、父の愛を信じ、父を愛している関係性の中でのことであり、誰に祈っているのかも分からぬ中での熱心さとは全く違うことです。

イエス様は、おっしゃいます。

**「だから、あなたが祈るときは、奥まった自分の部屋に入って戸を閉め、隠れたところにおられるあなたの父に祈りなさい。そうすれば、隠れたことを見ておられるあなたの父が報いてくださる。」**

「あなたがたの父は、願う前から、あなたがたに必要なものをご存じなのだ。だから、こう祈りなさい。
『天におられるわたしたちの父よ、
御名が崇められますように。』」
（同六・六〜九）



## 天におられる父

「あなたの父」「あなたがたの父」とイエス様はおっしゃる。これは、イエス様だけが言える言葉です。私たち日本人は「神様、助けてください」とか「神様、お願いします」と口にすることはあると思います。それを「祈り」と言えるかどうかは分かりませんが、人間以外の何かに頼むしかない時に、「神様、助けてください」という言葉が出てくることはあるでしょう。でも、人間以外の何かに向かって「お父さん、助けてください」「お父さん、お願いします」と言うことはないと思います。そんなことは言えないのです。何故なら、「お父さん」とは、ちゃんと目を見て話しかける親密な関係にある相手でなければならないからです。親子として人格的な応答関係の中にある者同士が、初めて「子よ」「父よ」と呼び合うことができるのです。その関係がないままに、「お父さん」と呼びかけることはあり得ません。

この場合の「お父さん」とは天地の造り主であり、私たち一人ひとりの造り主なる神様のことです。造り主であるが故に圧倒的な権威をもって私たちを支配し、守り、導いてくださるお方としての「父」です。その父と子の隔絶した関係、まさに天と地ほど離れている関係を、マタイ福音書では「天におられる」という言葉で表現しているのだと思います。

旧約聖書の「コヘレトの言葉」の中にこういう言葉があります。

**「焦って口を開き、心せいて**
**神の前に言葉を出そうとするな。**
**神は天にいまし、あなたは地上にいる。**
**言葉数を少なくせよ。」**

（コヘレト五・一）

この言葉も、神と人間の隔絶した関係性を表していると思います。私たち人間は、いかなる意味においても神と同じ地平に生きてはおらず、死んだら神になるのでもありません。

しかし、神と人間との間に隔絶しかないのであれば、私たちは神様と出会うことはないし、その神様に向かって「お父さん」と呼びかけることもできません。私たちが神様を「お父さん」と呼ぶ時、それは「わたしのお父さん」と言っているのです。自分とは関係のない父という存在を呼んでいるのではなく、「わたしを子として愛してくださるお父さん」に呼びかけているのです。そういう人格的な関係がそこにはあります。その関係は、どのようにして造られるのか。

また、「わたしのお父さん」が、天地の造り主でありすべての人間の造り主である限り、「天におられるわたしたちの父」（天にまします我らの父）でもあります。少なくとも、天地の造り主なる神と出会い、その愛を信じた者たちにとって、その神様は「わたしの父」であると同時に「わたしたちの父」です。イエス様がおっしゃるように、「あなたの父」は「あなたがたの父」だからです。つまり、信仰において神の子とされた者たちは一人の父の許で「兄弟姉妹」になる。イエス・キリストにおいて、世界中のすべての人々の間に起こることはそういうことです。それはどのようにして起こるのか。それが問題となります。

## 旧約聖書における「父」

しばらく旧約聖書を読んでいきたいと思います。実は旧約聖書の中には、神様を「父」とする言葉はそれほど多くはありません。皆さんも、すぐには思い浮かばないと思います。また、私が調べた限りでは、人が神様に向かって「父よ」と素朴に呼びかけて祈る例はありません。

詩編一〇三編一三節には、「父がその子を憐れむように、主は主を畏れる人を憐れんでくださる」とあります。その前にどんな言葉があるかというと、人間の罪を赦し、背きの罪を遠ざけてくださる主の「憐れみ」「恵み」「慈しみ」です。

**「主は憐れみ深く、恵みに富み
忍耐強く、慈しみは大きい。」**
（詩一〇三・八節）

この「憐れみ」「恵み」「慈しみ」の故に私たちの悔い改めを待ってくださる「父」としての主が、ここにはいます。

そういう意味で忘れてはならないのは、預言者のホセアやエレミヤだと思います。彼らは父としての神様の痛切な愛を語ります。幾たび裏切られても、子を見捨てることができない父の愛を語るのです。

### ホセア

最初にホセアが語る神の言葉を読みます（ホセア書に「父」とは出てきませんが）。

「まだ幼かったイスラエルをわたしは愛した。
エジプトから彼を呼び出し、わが子とした。」
（ホセア一一・一）

でも、その後イスラエルは、主なる神様から離れて異教の神々に心を奪われていくのです。神様は、そのイスラエルを一旦は見捨てようと決意されます。
しかし、その次の瞬間こう呻かれるのです。

「ああ、エフライムよ
お前を見捨てることができようか。
イスラエルよ
お前を引き渡すことができようか。
（中略）
わたしは激しく心を動かされ
憐れみに胸を焼かれる。
（中略）
わたしは神であり、人間ではない。
お前たちのうちにあって聖なる者。
怒りをもって臨みはしない。」
（ホセア一一・八～九）

神様は、幼子に歩くことを教え、身をかがめて食事を与える親のようにイスラエルに接してきたのです。愛をもって育ててきた。しかし、イスラエルは長ずるに従って父の愛を裏切っていきました。そのイスラエルに対する怒りと赦しの愛が、神の中に同時に燃え上がってくるのです。

**エレミヤ**

ホセアの影響を受けていると言われるエレミヤも、父としての神様の悲しみ、怒り、苦しみと、それでもほとばしり出てくる愛を語ります。

**（わたしは）思った。**
**「わが父と、お前はわたしを呼んでいる。**
**わたしから離れることはあるまい」と。**
**だが、妻が夫を欺くように**
**イスラエルの家よ、お前はわたしを欺いたと**
**主は言われる。**
**（中略）**
**彼らはその道を曲げ**
**主なる神を忘れたからだ。**
**「背信の子らよ、立ち帰れ。**
**わたしは背いたお前たちをいやす。」**

（エレミヤ三・一九〜二二）

読んでいるだけで胸が痛くなります。父に愛され、父を愛していたのに、その愛を自ら裏切っていく神の子としてのイスラエルの罪。愛する子が罪に堕ちていく様を、その心のありさまをも含めて、すべてご存じである神様の怒りと悲しみと苦しみは想像するに余りあります。何故、そのように苦しむのかと言えば、主なる神様の憐れみが心の内で燃えるからです。その憐れみの故に、見捨てるべき我が子を見捨てることができないのです。見捨てることができれば、それでおしまいです。苦しむ必要はありません。しかし、父なる神は背信の子らを見捨てず、「立ち帰れ。わたしは背いたお前たちをいやす」と叫ばれる。その愛、父の愛は私たちの想像を絶するものです。そのような愛は、私たちにはありません。その点で、私たちと父との間には隔絶があると思います。にも拘らず、私たちはその想像を絶する愛で愛されていると知る時がある、知らされる時がある。それは、聖霊の注ぎを受けて聖書を読む時、また説教を聴く時です。あるいは讃美歌を歌いながらその言葉に刺し貫かれる時です。

ヘブライ人への手紙の中にこういう言葉があります。

**「神の言葉は生きており、力を発揮し、どんな両刃の剣よりも鋭く、精神と霊、関節と骨髄とを切り離すほどに刺し通して、心の思いや考えを見分けることができるからです。」**

（ヘブライ四・一二）

ここでは、私たちの心の思いや考えについて語っているのですが、「神の言葉」は、神様の心の思いや考えを見分けさせるものでもある。神様の思いや考えを見分けることができる時にこそ、私たちは、自分の「心の思いや考えを見分けることができる」のだとも言えるでしょう。

## 洗礼式

今日はN・Tさんの洗礼式がありました。先週の試問会で、私や長老たちはN・Tさんの信仰告白を聞きました。そこで告白されていたことの一つは、今日までの長い旅路です。N・Tさんは、カトリック系の小学校に通い始めた小学五年生の時から、キリスト教との関わりはあったのです。若き日に、一旦は洗礼を受ける志を抱かれたこともありました。しかし、父上に反対されて断念し、その後、中渋谷教会の信徒であるN・Oさんと結婚して、時折礼拝に出席されることもありました。でも、受洗の決意が与えられることなく五十年以上の歳月が経ちました。Ｎ・Ｔさんは、今年初めてイースター礼拝にご出席になったそうです。その日、私は「神の霊によって導かれる者は皆、神の子なのです。（中略）この霊によってわたしたちは、『アッバ、父よ』と呼ぶのです」という御言葉の説教をしました。聖霊を与えられて神様を信じ、洗礼を受ける時、私たちは神様の子として新たに生まれ、イエス様のように、神様を「お父さん、天にいますわたしのお父さん」と呼べるようになる。そこに救いがある。そういう説教をしたのです。

その礼拝後、私の周囲に誰もいない時にＮ・Ｔさんが近づいて来られて、「先生、洗礼を受ける時はいつ来るのかと思っておりましたら、それは今でしょ！　と思いました。今を逃したらもうないと思います」とおっしゃったのです。

私は、これまでも何度かＮさんご夫妻のお宅に伺い、高齢の故に礼拝に来ることができなくなったご主人のＮ・Ｏさんと聖餐の食卓を共にしてきました。Ｎ・Ｔさんはいつもその場におられました。でも、その食卓を共にすることはありませんでした。しかし、その時も神様は「わたしに立ち帰れ」とＮ・Ｔさんをお招きになっていたのです。小学五年生の時から数えるならば優に六十年を越える歳月にわたって、神様は諦めることなく、「わたしに立ち帰れ」と招き続けてくださったのだと思います。そして、ついにその愛の言葉に刺し貫かれて、Ｎ・Ｔさんはイエス様を「主」と呼び、神様を「父」と呼ぶ信仰を与えられ、洗礼を通して今日神の家族の一員になられました。来週のペンテコステ礼拝から私たちと共に聖餐の食卓に与ることができます。

## われに来よ

今月末に発行される会報は、聖歌隊創立四十周年を記念して礼拝音楽が特集となっているようです。私も、好きな讃美歌について書きました。私は二曲選びました。

一曲目は讃美歌五一七番です。若き日、京都の北白川教会の礼拝で歌った時に衝撃を受けた讃美歌です。その頃の私は、まさに罪の迷いの中でどこに向かって歩んでいったらよいか分からない状態でした。そして、出席していた聖書研究会ではエレミヤ書の三章を読んでおり、「背信の子らよ、立ち帰れ」という言葉が鋭い刃物として胸に突き刺さっていた時でした。そういう時、礼拝の中で、讃美歌五一七番を皆が歌い始めた時、私は言葉にならない衝撃を受けました。

一節

「われに来よ」と主は今
やさしく呼びたもう
などて愛のひかりを
避けてさまよう
(おりかえし)
「かえれや、わが家に
帰れや」と主は今呼びたもう

三節

まよう子らのかえるを
主はいま待ちたもう
つみもとがもあるまま
きたりひれふせ
(おりかえし)
「かえれや、わが家に
帰れや」と主は今呼びたもう

この讃美歌を歌いつつ、帰る道はこの世にはないことを痛切に感じました。帰る道は、イエス様にしかない。イエス様は、「わたしは道であり、真理であり、命である。わたしを通らなければ、だれも父のもとに行くことができない」とおっしゃっています。イエス様だけが私の罪を知り、イエス様だけが私の罪に心を痛め、そしてついに迷える羊のために命を捨ててくださったのです。「よい羊飼いは羊のために命を捨てる」のです。ただこの方だけが、「父よ」と呼ぶことができる方なのです。迷える罪人は、あの放蕩息子が父に向かって言う言葉以外のことを言えません。

**「お父さん、わたしは天に対しても、またお父さんに対しても罪を犯しました。もう息子と呼ばれる資格はありません。」**(ルカ一五・二一)

「父よ」と呼ぶ資格もないのです。そうなのだけれど、この父の許でしか神に造られた命を生きていくことはできません。この世の闇の中を、ただ肉体的に生きていることが「生きる」ということではないからです。父は、もう「息子」と呼ばれる資格がない者を、それでも「息子」と呼ぼうとしてくださっているのです。そして、「父よ」と呼ぶことを許そうとしてくださっている。息子の帰りを待ってくださっているのです。帰ってくれば、「この息子は死んでいたのに生き返り、いなくなっていたのに見つかったからだ」と言って、大喜びで大宴会を開いてくださる。

**十字架と復活の愛**

しかし、その宴会の背後にイエス様の十字架の死があり、復活があるのです。

**「わが神、わが神、なぜわたしをお見捨てになったのですか」**

（マタイ二七・四六）

という祈りがあり、

**「父よ、彼らをお赦しください。自分が何をしているのか知らないのです」**

（ルカ二三・三四）

という十字架の祈りがある。

そして、

**「わたしの兄弟たちのところへ行って、こう言いなさい。『わたしの父であり、あなたがたの父である方、**

**また、わたしの神であり、あなたがたの神である方のところへわたしは上る。』」**　（ヨハネ二〇・一七）

という復活があるのです。

この言葉は、葬られた墓の入り口で、復活の主イエスがマグダラのマリアに語りかけた言葉です。そこで主イエスは、弟子たちのことを「わたしの兄弟たち」と言うのです。「あなたのためなら命を捨てます」と言いつつ裏切って逃げた、ペトロをはじめとする弟子たちです。そのことで、完全に生ける屍のようになってしまった弟子たちです。でも、主イエスはご自分を裏切って逃げていった弟子たちのことを「わたしの兄弟たち」と呼ぶ。それは、イエス様と弟子たちの父が同じだという意味です。「わたしの父は、あなたがたの父だ」とおっしゃる。もう驚きすぎて腰が抜けるような言葉です。

なんでこんなことを言えるのか、私には分かりません。でも、イエス様の愛は、いやイエス様を通して現された父なる神様の愛は、そういうものなのです。想像を超え、想像を絶する愛なのです。その愛で愛されている。その愛に打ち砕かれる。その時、私たちは神様を「父よ」と呼ぶことが許される。いや、イエス様によって「父よ」「天におられるわたしたちの父よ」と呼びなさいと命じられるのです。

**イエスの権利**

ある神学者はこう言っていました。

「イエスの御名を信じる者たちに、イエスが与えるその分け前とは、『神を父として呼び求める』というイエスの権利なのである」。

そうなのです。神様を「父よ」と呼ぶことは、罪なき神の独り子イエス・キリストだけが持っている権利なのです。私たちは、神様が出てくれば葉っぱの陰に隠れるしかない罪人です。しかし、その私たちに、イエス様はご自身だけが持っている権利を与えてくださっているのです。「祈るときには、こう言いなさい」。「だから、こう祈りなさい。『天におられるわたしたちの父よ』」と命じることによって。そして、十字架の死の贖いと復活の恵みを通して。

**兄弟姉妹**

私たちは、御子イエス・キリストの罪の赦しを信じる信仰によって、神の子として生まれ替わり、イエス様の兄弟とならせていただきました。そして、このイエス・キリストを通して、私たちも互いに兄弟姉妹とならせていただけるのです。それは、罪を赦す愛に生きる時にのみ可能なことであり、イエス・キリストが私たちの肉の中に聖霊において生きてくださっている時にのみ可能なことです。その時以外に、私たちは互いに赦し合い、愛し合うことはできません。いったん傷つけ合うことがあると、私たちは互いに赦し合うことは難しいものです。しかし、主イエス・キリストを受け入れ、主イエスを通して「アッバ、父よ」と祈り、「わたしたちの罪を赦してください」と祈る時、祈り続ける時、「隠れたことを見ておられる」「わたしの父」が、また「願う前から」私たちに「必要なものをご存じ」の「わたしたちの父」が、私たちに赦しの愛を与えてくださるのです。これこそが、私たちには最も必要なものだからです。私たちは、その愛が与えられる希望によって生きています。

**見よ、兄弟が共に座っている**

私の好きな讃美歌の二曲目は、『讃美歌21』の一六二番です。『讃美歌21』の一つの大きな財産は「詩編歌」がたくさん入っていることです。詩編の言葉にメロディーをつけて歌うのです。一六二番は詩編一三三編の一節にメロディーをつけたものです。

**「見よ、兄弟が共に座っている。**
**なんという恵み、なんという喜び。」**

これだけです。この詩を何度も繰り返し歌う喜びは、イエス・キリストを信じる信仰によってしか与えられません。

私は、会報にこう書きました。

詩編一三三編一節をそのまま歌うこの曲が好きです。『讃美歌21』には多くの詩編歌が入っており、御言葉をそのまま歌える喜びがあります。毎週の礼拝で感じることは、「背き」「迷い」「疲れ果て」、「罪も咎もあるまま」（五一七番三節）、主の御前に来たりひれ伏した兄弟姉妹が共に座っている、その事実だけで十分だ、もうそれだけで感謝だということです。「神様ありがとう」と思うのです。「共に座る」ことの中に、既に神の赦しの愛があり、兄弟になり得ぬ者たちが互いに赦し合うことへの招きがあります。その招きがあることが、私が生きる希望だと今更ながらに思います。

「父よ」と祈りなさい。「天におられるわたしたちの父よ」と祈りなさいと、イエス様は私たちを招いてくださっています。それは神様との和解、人との和解、完全な平和、天の国への招きです。その招きを受ける資格もない者たちですけれど、父の憐れみ、慈しみ、恵みのすべてがイエス・キリストにおいて完全に現れていることを信じて、今日も新たに「天にましますわれらの父よ」と祈りつつ歩みたいと願います。そこに、神の子として生きる喜びがあるのです。そして、その喜びに生きる姿を見るところに、「わたしたちの父なる神」の大いなる喜びがある。神に喜んでいただける。それに勝る幸いはありません。

聖なる御父

新たな主の日に御前に集められ、あなたを「父よ」と呼び、兄弟姉妹と共にあなたの言葉を聴き、あなたを賛美する礼拝を与えられておりますことを、心から感謝いたします。今日は、御子主イエス・キリストを通して、あなたを「父よ」と呼ぶ姉妹が誕生したことを感謝します。そこにあなたの憐れみと慈しみと恵みが満ち溢れていることを知り、心から御名を賛美いたします。信仰から信仰へと、賛美から賛美へと、私どもが共に歩んで行くことができますように。あなたの子にされた喜びをその歩みを通して現し、私たちの存在が、私たちの歩みのすべてが、あなたの愛と栄光を讃えるものとなれますように。世には様々な誘惑があり、私どもの歩みには試練があり、闘いがあります。私どもの肉は弱く、その闘いに破れ、あなたを「父」と呼ぶことができない者になることしばしばです。

御神、自分自身の心の思いや考えを見抜かせてください。それだけでなく、御子主イエス・キリストを送りたもうたあなたの心を深く覚えて、「われに来よ」との招きに応える者とならせてください。主イエス・キリストの御名によって祈ります。アーメン

（二〇一三年五月十二日）

# 〈主の祈り 3〉

# 天におられるわたしたちの父よ

ルカによる福音書一一章一節～四節
マタイによる福音書六章五節～九節

**天から見る**

私が学生だった頃、『宇宙からの帰還』という本が話題になりました。アメリカの宇宙飛行士たちの宇宙体験が、その後の人生にどういう影響を与えたかに関するものでした。宇宙飛行士の中には、帰還後に牧師になった人もいます。宇宙体験は、幾人かの人々にとってはその後の人生を変える大きな経験でしたが、他の人々には素晴らしい体験以上のものではありませんでした。私がその本の中でよく覚えているのは、ある飛行士の言葉です。彼は、「宇宙から見ると、地球には国境線が引かれているわけではない。神は国境線を引いてはいない。それは人が引いたものなのだ」と言っていました。

これは、当たり前と言えば当たり前のことです。でも、天から地球を見ることができた、ごく少数の人々だけが持つ深い感慨が込められた言葉だと思います。私は、その言葉を読んだ時に、地球という星、人間の世界、しばしば国境線が変わる国、そして人について考えさせられました。

## 「ひとり」と「民」

先週、会報の巻頭言を書くために詩編一〇二編を読みました。今月号の会報は「賛美」が主題であり、一〇二編一九節には私が大好きな言葉があるからです。

**「後の世代のためにこのことは書き記されねばならない。
『主を賛美するために民は創造された。』」**

この一〇二編は、

**「主よ、わたしの祈りを聞いてください。
この叫びがあなたに届きますように」**

という祈りの言葉から始まります。そして、八節にこういう言葉があるのです。

**「屋根の上にひとりいる鳥のように
わたしは目覚めている。」**

とても印象に残る言葉です。その鳥の姿が目に見えるようです。「目覚めている」とは「見張っている」「注意深く見つめている」とも訳される言葉です。屋根の上でひとり見つめている。地上のありさまを見つめている。あるいは天を見つめている。自分自身を見つめている。作者は、自分のことをそういう孤独な鳥と同化します。しかし、その人がついに「主を賛美するために民は創造された」、これだけは「後の世代のために書き記されねばならない」と言うのです。「ひとり」と「民」は違います。彼は「主を賛美するためにわたしは創造された」ではなく、「民は創造された」と言う。「民」とは、共に生きる結束の強い集団のことです。これは「屋根の上にひとりいる鳥」のような時を過ごした者、「主よ、わたしの祈りを聞いてください」とひとり孤独に祈った者が、注意深く天を見つめ、地を見つめ、自分自身を見つめた時に出てくる言葉だと思います。地上で人々と群れているだけでは、こういう言葉は出てこないでしょう。

## 神の子

これまでの二回の説教で、神様が私たちの父であるとはどういうことかに関する御言葉を聴いてきました。今日は、神を「父よ」と呼ぶ「神の子」とは何なのか、また、「天におられるわたしたちの父よ」と祈る場合の「わたしたち」とは誰のことなのかに関して御言葉に聴いていきたいと願っています。「神の子」という言葉は、多様な意味を持っています。ローマ帝国の皇帝は「神の子」とも呼ばれました。中国の皇帝は「天子」と言われますが、天は神を表しますから皇帝は「神の子」です。旧約聖書において、神はイスラエルを「子よ」と呼びましたから、イスラエルも「神の子」です。また、「お前はわたしの子、今日、わたしはお前を生んだ」と詩編二編にあります。これは、王の即位式で告げられた言葉だと言われます。イスラエルの王も「神の子」なのです。でも、それは神格化される皇帝とは違い、神に従う人間としての「神の子」です。

## 新約聖書における神の子

先週は、旧約聖書をたくさん読みました。今日は、新約聖書を読みます。新約聖書で「神の子」と言えば、何と言ってもイエス様のことです。マルコ福音書の書き出しは「神の子イエス・キリストの福音の初め」です。ヨハネ福音書では、イエス様は「独り子なる神」です。それは、今まで言った「皇帝」とか「王」とは根本的に異なる存在です。十字架に磔にされる神の子であり、復活させられ、ついには天に挙げられる神の子ですから。

ヨハネ福音書の一章には、こういう言葉があります。

**「しかし、言は、自分を受け入れた人、その名を信じる人々には神の子となる資格を与えた。この人々は、(中略)神によって生まれたのである。」**
(一・一二〜一三)

独り子なる神イエス・キリストを信じる者は、その信仰の故に「神の子となる資格が与えられる」。神の子として誕生する。それは、いつでもごく少数の人々において起こることです。世は闇であり、その闇の中で目覚めており、闇に輝く光を見つめ、光を信じて命を得る人はいつも少数です。

信仰によって「神の子」とされる時、イエス様の父がその人々の父となり、イエス様の神がその人々の神となり、イエス様と同じように、神様を「父よ」と呼ぶことができるようになる。それは神様に対する罪が赦されたからです。そこに私たちの救いがあります。

## 信じる

ヨハネ福音書の三章には、「神は、その独り子をお与えになったほどに、世を愛された。独り子を信じる者が一人も滅びないで、永遠の命を得るためである」（三・一六）とあります。私たち罪人の罪を赦すために、神様がどれほど深く強い愛で愛してくださっているか。そのことを知り、信じる時、人には永遠の命が与えられる。神様との永遠の愛の交わりの中に生かされるのです。ここに出てくる「信じる」とは、何かの「教え」を信じることではなく、独り子を通して与えられた神様の「愛」を信じることです。この信仰によって、私たちは神の子とされるのです。

信仰は、聖霊によって与えられるものです。本を読んで学んだり、修行を積んだりして身につけるものではなく、神様が注いでくださる聖霊によって与えられるのです。聖霊の導きの中で聖書を読み、説教を聴く時に、イエス・キリストの十字架の愛が身に沁みる。イエス・キリストが復活し、今も生きて語りかけてくることを感じる。そういうことがあります。その時、私たちは応答せざるを得ないのです。

誤解を恐れずに言えば、神様は言葉であり、私たちに語りかけて来られる方なのです。ですから、信仰は何よりも神様の言葉に聴くことだし、その言葉への応答なのです。信仰は、神の言葉を聴くことに始まる。聖霊を受けつつ聴くことに始まり、言葉としての神に聴き続け、応答し、従うことが私たちの信仰生活、神の子としての人生です。

## うめきながら待ち望む

神様を「父よ」と呼ぶことに関して外してはならない御言葉は、ローマの信徒への手紙八章です。そこでパウロは「あなたがたは、（中略）神の子とする霊を受けたのです。この霊によってわたしたちは、『アッバ、父よ』と呼ぶのです」と言いました。

しかし、彼はその先でこう言っています。

「**被造物だけでなく、〝霊〟の初穂をいただいているわたしたちも、神の子とされること、つまり、体の贖われることを、心の中でうめきながら待ち望んでいます。わたしたちは、このような希望によって救われているのです。**」

（ローマ八・二三～二四）

私たちは聖霊によって信仰を与えられ、罪を赦していただき、「父よ」と祈ることができる「神の子」とされました。でも、それは神の子の最終的な形態ではありません。彼は「神の子とされた」と言いつつ「神の子とされること、つまり、体の贖われることを、心の中でうめきながら待ち望んでいます」と言うからです。「神の子とされた」からこそ、神の国が完成する時の復活に向かう希望が与えられているのだと言うのです。その復活こそが、「神の子とされる」ことなのです。その復活に至るまで、私たちはなおも「心の中でうめきながら」生きる以外にありません。私たちは弱く、罪は強く、日々私たちを捕らえようとしてくるからです。だから、彼はその先で、「聖霊が弱い私たちを助け、言葉に表せないうめきを神様に執り成してくださる」と言うのです。

私たちの信仰生活とは、肉の弱さを抱えながら生きるものです。だから、苦しいし、うめかざるを得ないものです。しかし、そういう私たちの「心の中のうめき」を、聖霊が父なる神に届けてくださる。その聖霊に導かれ助けられながら生きる者は、いつの日か「御子の姿に似たものにされ」「御子が多くの兄弟の中で長子となられる」とパウロは言います。この約束を信じる。父なる神は、必ずこの約束を実現してくださると信じて待ち望む。それが「主の祈り」の中核にあることだし、その信仰と希望に生きるところに、私たちの救いがあるのです。

**「あなたがたの父」の完全な愛**

パウロは、私たちが「御子の姿に似たものにされる」「御子が多くの兄弟の中で長子となられる」と言いました。それこそが、私たちが神様を「わたしたちの父よ」と呼ぶことができる根拠であり、私たちキリスト者同士が互いに「兄弟」と呼び合うことの根拠です。

そのことを踏まえた上で、マタイ福音書のイエス様の言葉に耳を傾けたいと思います。イエス様は「あなたがたの父は、願う前から、あなたがたに必要なものをご存じなのだ。だから、こう祈りなさい。『天におられるわたしたちの父よ』」とおっしゃったのです。

ここで主イエスは「あなたがたの父」とおっしゃいます。私たちの側にしてみれば、「わたしたちの父」です。この「父」はどういう父なのか。それが問題になります。

イエス様は、祈りを教える直前の五章の最後でこう言われました。

「あなたがたも聞いているとおり、『隣人を愛し、敵を憎め』と命じられている。しかし、わたしは言っておく。敵を愛し、自分を迫害する者のために祈りなさい。あなたがたの天の父の子となるためである。父は悪人にも善人にも太陽を昇らせ、正しい者にも正しくない者にも雨を降らせてくださるからである。自分を愛してくれる人を愛したところで、あなたがたにどんな報いがあろうか。徴税人でも、同じことをしているではないか。自分の兄弟にだけ挨拶したところで、どんな優れたことをしたことになろうか。異邦人でさえ、同じことをしているではないか。だから、あなたがたの天の父が完全であられるように、あなたがたも完全な者となりなさい。」

（マタイ五・四三〜四八）

痛烈な言葉です。「あなたがたの天の父の子となるため」に私たちがすべきことが、「敵を愛し、自分を迫害する者のために祈る」ことなのです。「わたしたちの父」がそういうお方だからです。そして、その父の子であるイエス様がそういうお方だからです。愛されなくても愛するお方なのです。悪意や敵意を持たれても愛するお方なのです。わたしたちの父がそういう方であるからこそ、神を邪魔者だと思い心の中で抹殺してきた私たちが、今、神様を愛して「わたしたちの父よ」と呼ぶことができるのです。何もかも、神様が私たちを愛してくださったからです。悪人であり、正しくもない私たちを愛してくださったからです。

その愛は、独り子であるイエス様において、特にその十字架の祈りにおいて現れています。

**「父よ、彼らをお赦しください。自分が何をしているのか知らないのです。」**（ルカ二三・三四）

このように、独り子であるイエス様が父に祈り、その祈りを父が聞き入れてくださったのです。ご自分の子を釘で十字架に打ちつけた上に、侮辱の限りを尽くす者たちをも、そのイエス様の祈りの故に、またイエス様の献身の故に赦してくださったのです。これは、イエス様の父だけが持っている愛です。イエス様の父だけが持っている完全な愛なのです。

**完全な愛への招きと求め**

イエス様は、この完全な愛で私たちを愛してくださり、その愛に生きるようにと、私たちを招いてくださっている。それは茫然とするようなことです。恐ろしくて逃げ出したいようなことでもあります。

しかし、私たちがその存在の根底で、魂において慕い喘ぐように求めているもの、心の中で呻きながら求めているもの、それはこの愛であることも事実です。「隠れたことを見ておられるわたしたちの父」、「願う前から、あなたがたに必要なものをご存じのわたしたちの父」は、その愛を私たちに与えようとしておられる。そういう意味でも、私たちを「御子と似たもの」にしようとしてくださっている。それが、「天におられるわたしたちの父よ」と祈ることへの招きの中に込められていることだと思います。

**「わたしたち」**

そうであるとすれば、イエス様がおっしゃる「わたしたち」とは誰のことなのでしょうか。イエス様を信じることによって神の子とされた「わたしたち」、つまりキリスト者のことです。それは明らかです。その「わたしたち」とは、「悪人にも善人にも太陽を昇らせ、正しい者にも正しくない者にも雨を降らせてくださる」完全な愛を与えてくださる父を信じ、父を愛し、父の言葉に従う「わたしたち」であるはずです。つまり、キリスト者だけを愛する父ではなく、イエス・キリストを敵視し、キリスト者を迫害する者をも愛する父を信じ、愛し、従う「わたしたち」なのです。その父の完全な愛の体現者である御子イエス・キリストは、ご自身を憎み、殺す者たちを愛し、その者たちの罪の赦しを乞い願い、赦しのためにご自身を犠牲としてささげてくださいました。「天におられるわたしたちの父よ」と祈る「わたしたち」とは、この御子イエス・キリストを信じる「わたしたち」です。そして、御子は復活し、ご自身を裏切って逃げた弟子たちに現れて「平和があるように」と言いつつ聖霊を吹きかけてくださったことを信じる「わたしたち」であり、その裏切った弟子たちは自分のことだと認めているはずの

「わたしたち」です。

だから、「わたしたちの父」とはすべての人間を愛し、その罪を赦し、御国に招き入れようとしてくださっている「天におられるわたしたちの父」なのです。その愛を求め、また信じている私たちは、「御国が来ますように」と祈るのだし、「我らに罪を犯す者を、我らが赦すごとく、我らの罪をも赦したまえ」と祈るのです。呻きながら祈るのです。それが「わたしたち」です。神を信じない者たちの父でもある方に「わたしたち」は、祈るのです。その祈りを聖霊が聞き、父に執り成してくださり、父はその祈りを聞き入れ、私たちを次第に御子に似た者に造り替えてくださる。それが私たちの希望です。生きていく希望なのです。それは敵をも愛する人間にしていただけるという希望です。

**O・Eさん**

先週の礼拝にいらしていたOさんが、その二日後の火曜日に突然召されました。心臓を患って四月には二週間ほど入院されたのですが、火曜日は調子がよくて久しぶりにフィットネスクラブに行き、その後横浜の囲碁クラブに行こうとされた、その路上でくも膜下出血が起きてしまい、帰らぬ人となってしまいました。

葬儀の時にお読みしたOさんの文章をご紹介したいと思います。最初に、埼玉中国語礼拝教会で語られた証の一部をお読みします。

「私たち人間は、旧約の昔から性懲りもなく繰り返し創造主を裏切るという、何とも悲しく憐れむべき歴史を生きる存在なのでしょう。私も、それでいて自殺もできない。(医者なのに)癒しの業ができず、知らずして人を殺してしまったかもしれないのです。取り返しのつかない罪をどれだけ犯してきたか分かりません。立ち上がれないほどの辱めを人に与えてしまったこともありました。自分が嫌になって自殺をすれば、一時的には気持ちがおさまるかもしれませんが、しかし、なんと、人の罪を身に受けて十字架につかれたイエスは、隣の十字架にかけられた強盗に、『あなたは今日、わたしと一緒にパラダイスにいるであろう』とおっしゃっているのです」。

「パウロは、三度、棘を抜いて欲しいと祈りました。三度とは完全数で、『何度も何度も祈った』ということです。その祈りの果てに『生くるも死ぬるも主のものなり』と感じ取ることができたのでしょう。地獄の底までも神様が一緒にいて下さるというのです。これが喜びでなくてなんでありましょうか。

神は、人の弱き時に語りかけ給うのです。全く理不尽なことに、私どものために十字架にかかり、復活してくださった主は『死なないで、生きなさい』と、生きる力をくださっているのです。それが復活の主の恵みです。それで充分です。もう、なにか立派なことをして、自分をつくって見せることはないのです。信仰だって主からいただいたものです。汚いままで、復活の主に清くされた者として、信仰に立たせていただこうではありませんか」。

信仰五十年を記念する文章の中では、こうお書きになっています。

「実は罪を日ごと繰り返し歩み来た僕を、今、そのまま永遠の生命に迎えてくれる（既にあなたと和解させていただいている）自分に気づかせてくださいと祈るものです。キリストのあわれみのめぐみこそ、真の友達なのです」。

夫人によると、Oさんは自分の部屋でひとり讃美歌のCDを聴き、また讃美歌を歌っていることがあったそうです。Oさんの愛唱讃美歌は「しずけき祈りの時はいとたのし」と繰り返し歌う三一〇番です。「屋根の上にひとりいる鳥」のように、目を覚まして神に祈る。自分の罪を思い知らされつつ、十字架に掛かって死んでくださった主イエスを見つめる。そして、「死なないで、生きなさい」という復活の主イエスの声を聴く。それはひとりの孤独な時間で聴く声です。その孤独の中で、「キリストのあわれみとめぐみこそ真の友達」であることを知らされるのです。実は、この時ほど深く神様と交わる時はないのです。

その交わりから押し出されるようにして、Oさんは礼拝の中で深い喜びと賛美に満たされて人々に語りかけました。同じ信仰に生きる「民」に語りかけたのです。

「汚いままで、復活の主に清くされた者として、信仰に立たせていただこうではありませんか」。

ひとり、人々と離れた所で天を見つめ、地を見つめ、自分を見つめ、喜びと賛美に行き着く。それはひとりの喜びと賛美ではありません。「わたしたち」の「父」にささげる喜びであり賛美なのです。神を信じる民と共にささげる喜びと賛美であり、一人でも多くの人々がイエス・キリストによる罪の赦しに与って、「わたしたちの父よ」と呼ぶことができるように願う祈りです。

**聖霊を与えてくださる父**

私たちは今日、ペンテコステ礼拝、聖霊降臨日の礼拝をささげています。聖霊のみが私たちに信仰を与え、愛を与えてくださるのです。聖霊のみが、私たちの肉を超えて、しかし、その肉をも用いて信仰と希望と愛に生かしてくださるのです。そして、聖霊のみが、世界を国境のない神の国に造り替えてくださるのです。
イエス様は「主の祈り」を教えてくださった後、執拗に求め続けることを私たちに求められました。その結論はこういう言葉でした。

> **だれでも、求める者は受け、探す者は見つけ、門をたたく者には開かれる。あなたがたの中に、魚を欲しがる子供に、魚の代わりに蛇を与える父親がいるだろうか。また、卵を欲しがるのに、さそりを与える父親がいるだろうか。このように、あなたがたは悪い者でありながらも、自分の子供には良い物を与えることを知っている。まして天の父は求める者に聖霊を与えてくださる。**
> （ルカ一一・一〇～一三）

私たちの地上の歩みは続きます。いつまで続くのかは誰も分かりません。明日までなのか十年後二十年後なのかは分からない。でも、今日すべきことが、それで変わるわけではないでしょう。聖霊を求め、御子に似た者にしてくださるように祈ることです。敵をも愛し、赦し、兄弟となることができるように祈ることです。御国が来ますようにと祈ることです。そして、父を愛し、信頼し、一切を委ねて献身していくことです。主イエスの御跡に従って歩むことです。その祈りと服従を「わたしたちの父」は喜び、私たちを通して御国をこの世にもたらしてくださるのです。

私たちはこれから聖餐の食卓に与ります。聖霊の注ぎの中で、信仰をもって与る聖餐の食卓は、御国の面影を映すものです。この食卓に与りながら、私たちは神様の愛を賛美し、御子を信じ、終末の御国の完成に対する希望を新たにするのです。そして、「神の国は近づいた」という福音を、この世に告知するのです。

聖なる父なる御神

新たな主の日、ペンテコステの礼拝に私どもをお招きくださり、心から感謝をいたします。神様、どうぞ聖霊を私どもに注ぎ、私どもの内側を清めてください。日毎に罪を犯してしまいますから、日毎に聖霊を与えてください。清め、そして力を与え、あなたの御業に生きることができますように、赦された罪人として赦しの福音を証しすることができますように。主イエス・キリストの御名によって祈ります。アーメン

（二〇一三年五月十九日　ペンテコステ礼拝）

## 御名が崇められますように　一

〈主の祈り 4〉

ルカによる福音書一一章二〜四節
マタイによる福音書六章九〜一三節

### 崇められる・聖とされる

今日は「御名が崇められますように」についてです。この言葉については、もう一回御言葉に聞くことにします。

「崇められる」は、「聖とされる」が元来の意味です。「聖とされる」とは聖なるものとして、あるいは比類なきものとして他のものから区別されることです。そして、「名」は存在そのものを表します。神様の名（御名）とは、神様ご自身のことです。

### 名前

私たちは自分の名を持っています。「持っている」というより「与えられた」といった方が正確ですけれど、その名を告げることで私は私自身を表しています。私たちは、それぞれ自分の名前に責任を持たねばならないでしょう。「名折れ」という言葉があります。辞書によると、「名誉を汚す」ことです。名前が持っている誉れを汚すことを自らしてはならないし、名誉を傷つけられることに対しては戦わねばならないと思います。そして、私たちが生きている「キリスト教会」というのも一つの名前だし、「中渋谷教会」も一つの名前だし、「キリスト者」もまたそうです。私たちは個人個人の名を持っていると同時に、「キリスト教会」に属する「キリスト者」としてこの世を生きています。私たちは「イエス・キリスト」という名の下で生きているのです。私たち一人ひとりがイエス・キリストという名を背負っているというとあまりに荷が重いことですが、それは事実です。私たちは洗礼を受ける時に、イエス・キリストに従って生きることを約束したのですから。しかし、私たちの存在や行いが、イエス・キリストの名を折ってしまう、汚してしまう。そういうことがある。残念ながら、それも事実です。

## わたしはある

紀元前一三〇〇年頃のことと推測されていますが、イスラエルの民はエジプトの奴隷として過酷な労働を強いられ、さらにエジプトのファラオ（王）からの迫害による民族絶滅の危機にさらされていました。イスラエルの民は自分たちの先祖であるアブラハム、イサク、ヤコブの神に助けを求めて叫びました。その叫びは神に届き、神様はモーセを選んで、イスラエルの民をエジプトから脱出させようとします。しかし、モーセは自分がそのような難事業をできるはずもないと断ります。恐ろしかったのです。彼には既に大きな挫折経験もありましたから、尚更のことです。しかし、神様は「わたしは必ずあなたと共にいる」と約束しつつ説得されます。モーセは、同胞から「その（神の）名は一体何か」と問われた時に「彼らに何と答えるべきでしょうか」と尋ねます。

神様はこうお答えになりました。

**「わたしはある。わたしはあるという者だ。」**
**「イスラエルの人々にこう言うがよい。『わたしはある』という方がわたしをあなたたちに遣わされたのだと。」**

（出エジプト三・一四抜粋）

「わたしはある」とは、どこかに存在し続けるということではなく、モーセと共に、そしてイスラエルと共に生き続ける。彼らを奴隷の支配から救い出すために生きる、という意味だと思います。この「わたしはある」から、イスラエルの神「ヤハウェ」（主）という名が生まれたともいわれます。神様の名前が固定的な名詞ではなく、躍動する動詞であることは重要なことだと思います。

そして、「わたしはある」は、神様がモーセに名前を告げている言葉でありつつ、実は名前を隠しているようにも思えます。聖書学者の中には、「そこに天地の造り主なる神様の主権者としての自由がある」という人もいます。私もそう思います。私たちは、名前とか肩書きを知ることで相手のすべてを把握したと錯覚することがあります。しかし、主である神様を私たち人間が完全に把握するなんてことはあり得ないことです。その錯覚を防ぐ。そういう意図も、ここにはあるように思うのです。

## 主であることを知るようになる

そのこととも関係があると思いますが、出エジプト記には「あなたがたは、わたしが主であることを知るようになる」という言葉が何度も出てきます。神様は、イスラエルをエジプトから脱出させるために、神格化された存在であるエジプトの王ファラオと様々な手段を通して戦います。そのことによって、イスラエルの民に主こそ神であることを知らせるのです。主は、生きて働く業を通してご自身を現していかれます。「わたしはある」とは、そういうことでしょう。

そして、主はイスラエルの民だけでなく、ファラオやエジプトの民、さらには全地の民に「わたしの名」を知らせるとおっしゃいます。

主なる神様の唯一性、絶対的主権、支配はその御業を通して地上に住むすべての人々に知らされ、また人々を通して告げ知らされていく。そして、いつの日か全地の民にその名が啓示される。旧新約聖書はそのことを告げており、世界の歴史はその日その時に向かって進んでいるのだと告げているのです。

**人間の愚かさ**

たとえば、詩編八三編にはこういう言葉があります。それは、「神の住まいを我らのものにしよう」と豪語する罪人がたくさんいる世の現実の中で語られた言葉です。

**彼らが悟りますように**
**あなたの御名は主**
**ただひとり**
**全地を超えて、いと高き神であることを。**
（詩八三・一九）

神のものである世界を自分たちのものにしようとする。これが、人間の罪の根源だと思います。その罪はアダムとエバに始まったことです。人間とは、そういうものなのです。しかし、人間が自分の分をわきまえないで境界線を超えていく時、自ら滅びに向かっていかざるを得ないのではないでしょうか。神は神であり、人は人なのです。そして、神が造った大地は人のものではありません。そのことを悟らなければなりません。

しかし、私たち人間はなかなか悟りません。世界の各地で人を殺し、自然を破壊する戦争は繰り返されています。平和憲法を持っているはずのこの国も、戦争をやめさせることよりも、戦争に備えることに熱心になろうとしています。あれだけの事故を起こし、まだ何も解決していないのに、原発再稼動の必要性を声高に論じ、また外国に売りつけて商売に利用しようとしています。相変わらず、人間の幸福は所得が増えることにあると信じているからでしょう。そして、そのように信じている場合、その人の心の中にあることは、せいぜい自分とその仲間の幸せのことであり、それ以外の人々は眼中にないものです。突き詰めれば、自分の幸福のことだけ考えている。しかし、それこそ最大の不幸なのです。それなのに、私たちは自ら知らずして、その不幸を作り出してしまう。その点で、例外はないと思います。

そういう罪の現実の中で、私たちは神の御名が崇められますようにと祈ることが命じられている。それは一体どういうことなのか。その祈りは何を意味するのか。そのように祈る私たちとは何なのか。それが問題になります。

**ただひとつの日が来る**

私たちは、神様の恵みによって神の御名は「主」であることを知らされ、その主は「全地を超えて、いと高き神であることを」知らされた者たちです。私たちキリスト者はその主なる神が、最終的に独り子なるイエス・キリストを通してご自身を啓示されたと信じているのです。

そのことに入る前に、今日はゼカリヤとエゼキエルという預言者の言葉を読んでおきたいと思います。彼らはバビロン捕囚時代の預言者です。ユダ王国の王も民も神に背く罪を犯し続けた結果、バビロン帝国に滅ぼされ、多くの民がバビロンに捕囚された時代が七十年程ありました。それは希望の光が見えない暗黒の時代です。神に見捨てられたと思わざるを得ない時代です。その点では、エジプトの奴隷時代と同じと言ってよいと思います。

ゼカリヤは、そういう時代を生きる民に向かって語りかけます。

**しかし、ただひとつの日が来る。**
**その日は、主にのみ知られている。**
**そのときは昼もなければ、夜もなく**
**夕べになっても光がある。**
**(中略)**
**主は地上をすべて治める王となられる。**
**その日には、主は唯一の主となられ**
**その御名は唯一の御名となる。**

(ゼカリヤ一四・七〜九)

主だけが知っておられる「ただひとつの日が来る」。その日に向かって歴史は進んでいる。その日は、暗闇が支配する夕べにも光がある日です。主が全地を支配する王となり、主の名前が唯一の御名となる日です。そのことを知ったすべての者が、その御名を唱える。それが、御名が崇められる、神様が聖なるものとされることであり、そこに世界の救いがある。主が、そう語られるのです。

私たちがわきまえておくべきことは、「その日」をもたらすのは主であって人間ではないということです。主の御名が唯一の御名となることは主の業であり、私たち人間の業ではありません。私たちができること、またすべきことは、その御業が現れることを待ち望みつつ祈ることなのです。キリスト者とは祈る人間のことです。もちろん、その祈りから押し出されて伝道せざるを得ません。しかし、私たちが「その日」をもたらすわけではない。「その日」は、主がもたらしてくださるものなのです。

**聖なるものとする**

そのことに関連するエゼキエルの言葉を読みます。彼は、主の言葉をこのように伝えます。

**「わたしは、イスラエルの家がその行った先の国々で汚したわが聖なる名を惜しんだ。」**

（エゼキエル三六・二一）

ユダ王国時代、民は目先の利益に目がくらみ、豊穣を約束する異教の神々に心惹かれていきました。滅亡寸前に逃げた国々においても、また捕囚されたバビロンでも、心底から悔い改めて主に立ち帰った人はわずかです。そのようにして、彼らは「行った先の国々で」主の「聖なる名」を汚したのです。主は、その「聖なる名」を惜しまれます。折られた名を再び立たせようとされるのです。

それゆえ、こう言われます。

**「イスラエルの家よ、（中略）わたしは、お前たちが国々で汚したため、彼らの間で汚されたわが大いなる名を聖なるものとする。」**

（同三六・二三）

このようにおっしゃる神様が、この後、何をなさるかというと、イスラエルの民を離散の地から、また捕囚の地バビロンから集めて、アブラハムへの約束の地に再び導き入れるということです。それは、「第二の出エジプト」といってもよい大きな出来事です。そのことを通して、諸国民が「わたしが主であることを知るようにする」と、主は言われます。このようにして、主はご自身の名を聖なるものとされるのです。

しかし、その出来事の内実は何であるかを考えてみると、それは主の名を汚したイスラエルの民を主が赦すということなのです。その赦しの愛を実行されることによって、ご自身の名の汚れを清める、聖別するのです。神の御名は、赦しがたき罪を赦す愛において聖なるものとされる。崇められるようになる。これはとてつもなく深い事実だと思います。

だから、誰もがその事実に気づくわけではないのです。主がそのような赦しの愛をもって約束の地への帰還という御業をなしてくださったとしても、分からない人には分かりません。その事実を前にして、悔い改めと賛美をもって応答する人は多くはありません。表面的な出来事を見て、喜んだり悲しんだりするだけのことはいくらでもあります。しかし、目に見える事実は同じでも、その受け止め方は千差万別であり、その受け止め方によってその後の生き方は全く異なるものとなるのです。敗戦も地震も津波も原発事故も、受け止め方は千差万別です。そして、その出来事を通して己の罪のレベルまで深く洞察し悔い改める人は、いつの時代も多くはありません。

### 栄光を現す

そのことを踏まえた上で、新約聖書に入っていきます。

ある人がこう言っていました。

「父よ、あなたの御名が崇められますように（聖なるものとされますように）」という祈りは「父よ、（あなたご自身が）あなたの御名の栄光を現してください」と言い換えることができる。

私もそう思います。神様が、ご自身の栄光を現してくださるように祈り願う。イエス様は、そう祈るようにと私たちに命じられたのだと思います。

**世の罪を取り除く神の小羊**

神様の「栄光」とか「栄光を現す」という言葉を聞いて思い出すのは、ヨハネ福音書です。今日は、一二章の言葉に注目すべきだと思います。出エジプトという救いの御業を記念する過越の祭りにあわせて、イエス様がエルサレムに入城された時のことが記されているからです。

イエス様は、その祭りの中で、ご自身が新しい「過越の小羊」として死ぬことを予知しておられました。「過越の小羊」とは、イスラエルの民がエジプトを脱出する前夜に屠られて食べられた小羊のことです。その小羊の血が鴨居に塗られた家の前は死の使いが過ぎ越し（通り過ぎ）、塗られていないエジプト人の家には入って行き、その家の初子が死ぬという恐るべき裁きが下されるのです。ここに至るまでの御業を見て、主こそ神であることを信じるか否か、そのことが問われるのです。根本的には、民族の違いが生死の分かれ目にあるのではありません。信仰です。そして、小羊の死がその分かれ目にあるのです。

イエス様の先駆者である洗礼者ヨハネがイエス様を見た時、彼は、「見よ、世の罪を取り除く神の小羊だ」と言いました。それは、イスラエルをエジプトから救い出すために屠られる小羊という意味ではありません。民族が何であれ、罪の奴隷となっているすべての罪人を救い出すために犠牲となる「神の小羊」のことです。
そのイエス様が、過越の祭りにあわせてエルサレムに入城された時、ユダヤ人たちは意味も分からず熱狂し、歓迎しました。しかし、その祭りにはギリシア人、つまり異邦人のヤハウェ信仰者も来ており、その中の何人かが、イエス様との面会を求めたのです。

**一粒の麦**

そのことを知ったイエス様は、いきなりこう言われました。

**「人の子が栄光を受ける時が来た。はっきり言っておく。一粒の麦は、地に落ちて死ななければ、一粒のままである。だが、死ねば、多くの実を結ぶ。」**（ヨハネ一二・二三〜二四）

あまりに唐突な言葉だし、不思議な言葉です。そして、続けてこうおっしゃった。

**「わたしはまさにこの時のために来たのだ。父よ、御名の栄光を現してください。」**（同一二・二七〜二八）

「父よ、御名の栄光を現してください」。つまり、「御名を、聖なるものとしてください」です。主の祈りの第一の祈願は、なによりもイエス様ご自身の祈りなのです。

## 既に　再び

**すると、天から声が聞こえた。「わたしは既に栄光を現した。再び栄光を現そう。」**（同一二・二八）

その場にいた人々は「雷が鳴った」とか、「天使がこの人に語りかけたのだ」と言いましたが、イエス様はこうおっしゃいました。

**「この声が聞こえたのは、わたしのためではなく、あなたがたのためだ。今こそ、この世が裁かれる時。今、この世の支配者が追放される。わたしは地上から上げられるとき、すべての人を自分のもとへ引き寄せよう。」**（同一二・三〇〜三二）

ヨハネは、この言葉に説明をつけます。

**イエスは、御自分がどのような死を遂げるかを示そうとして、こう言われたのである。**（同一二・三三）

ここで神様は何を語っておられるのか。それはなかなか難しい問題です。様々な解釈があります。「既に栄光を現した」の意味を考える時、私は「言は肉となって、わたしたちの間に宿られた。わたしたちはその栄光を見た」という一章一四節の言葉を思い浮かべるべきだと思います。

言が肉となって世に宿った時、即ち、神の独り子が人間としてお生まれになったその時、神の栄光は既に現されたのです。神が人となる。それはあり得ないことです。しかし、神様は世の罪を取り除くために、敢えてそういう御業をなさった。そこに神様の「栄光」が現れている。しかし、それはその時は誰も分からないことです。聖霊を与えられた者たちが、後に知らされたことだからです。

神様は続けて「再び栄光を現そう」とおっしゃいました。この言葉は、福音書の文脈においては、数日後にイエス様が「地上から上げられる」ことを言っています。それは、十字架に上げられて死ぬ時であり、死人の中から上げられて復活する時であり、さらに天に上げられる時のことです。ヨハネ福音書で「上げられる」とは、そういう意味で使われるのです。イエス様が「神の小羊」として、あるいは「一粒の麦」として命を落とすことによって、人間の罪が取り除かれたことを信じるすべての者がイエス様のもとに引き寄せられる。つまり、永遠の命が与えられる。イエス様こそが、この世の支配者などとは比較にもならぬ真の支配者であることが示される。そこに神の栄光が現される。イエス・キリストを通して、神様が比類なきお方であることがはっきりと示される。そういうことでしょう。これもまた、聖霊によって信仰を与えられた者にとっての事実です。

しかし、「再び現そう」という未来形は、この時その場にいた人々にとっての未来だけでなく、今、この福音書を読んでいる私たちにとっても未来の約束なのだと思います。私たちは、イエス・キリストの誕生を知っており、十字架の死と復活、そして昇天を知っています。しかし、そのことを過去の歴史的な事実として知っているのではなく、私たちの救いの出来事として知っている、信じているのです。それは聖霊が与えられたからです。聖霊が与えられる時に、聖書に書かれている言葉は「神の言」として私たちに響き始めるからです。イエス・キリストの出来事が、私たちの罪の赦しのためであることが分かり始めるのです。そして、神はご自身の小羊を通してご自身の名を現し、ご自身の名を聖なるものとし、その栄光を現されたことを知るのです。あの二千年前のエルサレムで起こった一回の出来事が、今に生きる私たちの救いのために起こった出来事であることを知るのです。そして、このイエス・キリストが今現在、私たちと共に生きてくださっていることも知るのです。

## 希望を持って生きる

世界の歴史は今も続いています。知識と技術は、日進月歩と言ってよいほどに進歩しています。しかし、人間そのものは聖書の時代となんら変わりありません。毎日毎日、新聞やテレビで知らされることは暗澹たることです。また、私たちの日常生活における経験も、本質的にはさして変わるものではありません。そこには、神になり代わろうとする罪が満ちています。

大きなレベルで言えば、歴史の教訓を学ばない愚かな人間の所業が繰り返されています。個人の思想信条を踏みにじりつつ国家権力を強大化させようとすることがどんな結末をもたらすかを、私たちの国も痛いほど経験したはずです。しかし今、何の反省もなく同じ道を歩き始めているように、私には思えます。世界の各地でも独裁政権が新たに浮かんでは消える泡のように存在しており、そのもとで多くの人々が弾圧され処刑されています。大国は、そういう国々に武器を売って潤っています。人殺しの道具を売っているのです。この世においては、人間の命の価値は所得や身分の違いによって異なります。女王蜂のように大切にされる人間もいれば、一生働くだけで役に立たなくなれば捨てられる人間もいます。それは、神の国の現実とはまったく異なる現実です。

私たちは、そういう世の罪の現実を体験しつつ、また自らの内なる罪を自覚させられて無力感にさいなまれ、絶望感に打ちひしがれることもあります。そして、長いものには巻かれた方が楽だ。何をしても結局は無駄なのだという諦めを心の中に抱くこともある。結局、悪や罪の力の方が強いのだ、と思ってしまう。

しかし、そういう日々の中で、私たちは「あなたには、わたしをおいてほかに神があってはならない」という戒めを与えられた神の民として、また「安息日を心に留め、これを聖別せよ」と命じられた新しいイスラエルとして、主の日ごとに礼拝に集められているのです。イエス様が十字架の死を経て復活されたことを記念する日曜日に、声を合わせて「父よ、御名が崇められますように」と祈るように招かれている。「父よ、(あなたご自身が)御名の栄光を現してください」と祈るように招かれているのです。いや、命じられている。主イエスと共に「アッバ、父よ」と呼びながらです。私たちは、そのことのために主に選ばれた民であり、神の子だからです。

私たちが、主を選んだのではありません。主が、私たちを選んだのです。だから、私たちは諦めることなく、絶望することなく、キリストと苦難を共にしつつ祈るのです。神の国が完成する日、ただ主の御名だけが御名となる日、神ご自身が、御名を完全に聖なるものとされる日が来ることを信じて祈るのです。主にある兄弟姉妹、信仰の友と共に声を合わせて祈るこの時がなければ、私たちは絶望し、諦めていくしかありません。そして、「地の塩、世の光」としての存在を自ら捨ててしまうことになります。

私たちが祈ることができるのは、神様がなおも私たち人間に対して絶望しておらず、諦めておられないからです。今もなお私たちを愛し、そして赦し、罪の奴隷状態から救い出そうとしてくださっている。そのために語りかけてくださるのです。聖書を通して、そして聖書を神の言と信じる私たちを通して、神様はすべての人々に語りかけるのです。そして、いつの日か必ず神の国を完成してくださいます。その日は、神様だけがご存じです。私たちはそのことを信じ、そして、その日を待ち望むことによって生きているのです。その信仰と希望のバトンを次の世代に渡しながら生きているのです。

**私たちの使命**

私たちには、この世界にイエス・キリストの御名を証しする使命があります。塵灰にすぎない小さな者、神に背き続ける愚かな罪人である私たちのような者が、神の独り子、救い主、唯一の真の王であるイエス・キリストを証しする使命が与えられ、世へと派遣される。そのことを知らされることは、モーセが抱いた恐れを抱くことです。実際、世の支配者によって迫害され、弾圧されることもあるのですから、恐れを抱いて当然です。しかし、十字架の死と復活を通して天地を支配する権能を与えられた主イエス・キリストが、私たちと共にいてくださるのです。そのことを信じて、私たちは恐れながらも大胆に主の御名を崇めつつ宣べ伝える者でありたいと思います。

復活の主イエスの言葉を読んで終わります。

**「わたしは天と地の一切の権能を授かっている。だから、あなたがたは行って、すべての民をわたしの弟子にしなさい。彼らに父と子と聖霊の名によって洗礼を授け、あなたがたに命じておいたことをすべて守るように教えなさい。わたしは世の終わりまで、いつもあなたがたと共にいる。」**（マタイ二八・一七〜二〇）

聖なる御父

御名を崇め、感謝をいたします。ただあなたこそ唯一の御神、あなたの独り子こそが唯一の救い主です。恵みによって御子主イエス・キリストと出会い、あなたを知り、あなたを「アッバ、父よ」と呼ぶことができ、あなたの言葉を聴くことができ、あなたと御子から送られる命の息吹を礼拝毎に与えられています。その恵みを心から感謝いたします。あなたの言葉とあなたの霊を与えられなければ、私たちはただ土から出て、そして土に返るだけの塵灰の存在です。生きていることに何の意味もなければ、希望もありません。ただあなたによって、あなたの御名を崇めるという栄えある使命を与えられて、また御国の完成という遥かな望みを与えられて生きることができます。この恵みを無にすることなく、分かち合うために生きることができますように。これよりの一週間の私たちの歩みを清めて、祝して、強めて、伝道のために用いてください。主の御名によって祈ります。アーメン

（二〇一三年六月九日）

# 御名が崇められますように　二

〈主の祈り 5〉

ルカによる福音書一一章二節
マタイによる福音書六章九節

## なぜ祈るのか？

前回、「御名が崇められますように」とは、「御名が聖とされますように」という意味であることを語りました。なぜ、本来「聖」であるべき神の御名が聖とされることが祈られるのか。それは、神様の聖なる御名が繰り返し汚されているからです。主の民であるべきイスラエルですら主に対する信仰を生きず、しばしば腐敗してしまうからです。だから、預言者たちは民に悔い改めを求めました。そして、「主の御名が唯一の名となり、主が全地の王となる日が来る」、つまり審判を経て神の国が完成する日が来ると告げたのです。主を信じる者たちは、その日を待ち望みつつ生きるのです。「御名が崇められますように」とは、その日の到来を確信し、待ち望む祈りです。その日の到来は、主なる神様が成し遂げることですから、私たちは祈るのです。

## メシア到来を告げる書

旧約聖書は、主なる神がいつの日か必ずメシア（キリスト）をお遣わしくださるという希望を告げる書物です。メシア（キリスト）を通してご自身の名を聖とし、ご自身の栄光を全地に現すという希望がそこにはあるのです。

新約聖書は、待ち望まれていたメシア（キリスト）とは大工の倅、マリアの子、さらに十字架に磔にされて死んだ男、しかし、その死から三日目に復活させられたイエスであると告げます。この方を通して、神の国はこの地上に到来した。この方の十字架の死と復活を通して、神の国の礎は据えられたと告げるのです。しかし、それで終わりではありません。神の国は既に到来していますが、未だ完成していないからです。それは、私たちの世界の現実を見れば明らかです。

しかし、この世はそういう不完全な形で永遠に続くわけではありません。世の終わりは必ず来ます。地球だって、今のような状態が何億年も前からあったわけではないのですから。その終わりの時に、神様がご自身の国を完成する。完全な形で「御名が崇められる」日が来る。その完成のためにキリストが再臨する。私たちキリスト者は、そのことを信じているのです。主イエス・キリストご自身が、そのように約束してくださったからです。だから、新約聖書の最後に置かれているヨハネの黙示録は「アーメン、主イエスよ、来てください（マラナタ）」という希望と、「主イエスの恵みが、すべての者と共にあるように」という祝福の言葉で終わるのです。

主イエスが再臨して生ける者と死ねる者とを裁く最後の審判を経て、救いを完成してくださる。その日を信じて待ち望む。そして、祈る。それが、聖霊によって誕生したキリスト教会が世々に亘って受け継いできた信仰であり、祈りです。私たちも、今日新たにその信仰と祈りを受け継ぐ者たちでありたいのです。

**祈りと行為**

主の祈りの前半の三つは、すべてこの終末を待ち望む祈りとして分かち難く結びついています。今日は、この祈りをささげる者としての行為について御言葉に聴きたいと願っています。

私たちが礼拝の中で唱和する「主の祈り」では、「御名が崇められるように」ではなく「願わくは、御名を崇めさせたまえ」となっています。その言葉の中には、神の御名を聖なるものとする人間の行為が含まれていると思います。

**主をのみ聖なる方とせよ**

今日も、旧約聖書の言葉から入りたいと思います。紀元前八世紀のユダ王国で活躍した預言者にイザヤという人がいます。彼は、迫り来る外敵を前にした時に、主の民イスラエルの王や民衆が主に依り頼むことなく、自らの軍事力とか外国との同盟関係に頼っていることに怒りを発します。そんなものに頼っても恐れが増すばかりなのだ、と彼は言う。そして、こう続けます。

**万軍の主をのみ、聖なる方とせよ。**
**あなたたちが畏るべき方は主。**
**御前におののくべき方は主。**（イザヤ九・一三）

人を恐れるな。主を畏れよ。主の御心を尋ね求めよ、と言っているのです。しかし、主は祈れば即座に答えを示してくださるとは限りません。また、その答えが自分たちの望むものではない場合もあります。そういう場合、人間は自分の望みに従うことが多いのです。神様に祈っているくせに神様に従わない。その結果、どういうことが起こるのか。イザヤは続けてこう言います。

## 主は聖所にとっては、つまずきの石
## イスラエルの両王国にとっては、妨げの岩

（同九・一四）

主の民イスラエルが主に背く。あってはならないことですが、そういうことがしばしばあります。その時、主は聖所の「つまずきの石」「妨げの岩」となります。形だけの礼拝をささげればささげるほど彼らの罪が鮮明になり、その結果として、彼らは倒れるからです。主を神として礼拝していなければ、罪はそこまで鮮明にはなりません。闇の中に光が輝くからこそ、闇は闇としての姿を現すのですから。「万軍の主をのみ、聖なる方とせよ」とは「主をのみ崇めよ」と言ってもよいし、「主にのみ栄光を帰せよ」「主を賛美せよ」と言い換えてもよいでしょう。しかし、形としてはそういう礼拝をささげながら、軍事力や外国との同盟関係を頼みとする。そのことが、主の御名を汚すことになるのです。それは、結局、人間の力、自分の才覚を頼みとすることだからです。どう言い訳をしても、それは主を信じていることではありません。だから、何をしていても恐れと不安に捕われるのです。

主を信じて生きる、主にのみ従って生きることは本来喜ばしいことであるに違いありません。しかし、実際はそれほど簡単なことではありませんし、むしろ苦しく辛いこともたくさんあることを、私たちは知っていると思います。

## 神の選び

私たちは神に似せて造られ、命の息を吹き入れられて生きる者とされた存在です。それは、神様の御心を知り、その御心を生き得る存在として創造されたということです。すべての人間が、その点では同じなのです。すべての人間が神様に愛され、生かされている。しかし、違いがある。それは、自分が神に愛されていることを信じているか否かの違いです。その違いは決定的なものですが、今は信じてキリスト者にされた私たちも、かつては信じていたわけではありません。

私事で恐縮ですが、私は牧師家庭に生まれましたからイエス・キリストの名前を知っていましたし、キリスト者が礼拝することも知っていましたし、祈ることも形としては知っていました。でも、それは神様を信じることとは全く別の問題です。信じているわけでもないのに形だけは礼拝をし、祈ることを求められる環境の中で、つまずいたというのが実感です。

キリスト教と無縁の環境で育った方たちにとっては、キリスト者はやはり特殊な人々に見えるでしょうし、特殊と言えば確かに特殊なのです。キリスト者が「神様の御心のままに」とか「神様に委ねて生きる」とか口にするのを聞くのは、気持ちのよいものではないと思います。「あなたたちに自分の意志はないのか！」と言いたくなると思うのです。

神の御心、つまり神の意志と私たち人間の意志の関係をどう考えるか。それは「主の祈り」を考えるにあたって大きな問題です。

ペトロは手紙の冒頭で、「各地に離散して仮住まいをしている選ばれた人たち」（Ⅰペトロ一・二）と呼んでいます。「選んだ」のは、言うまでもなく神様です。

私たちも同じように神様に選ばれたのです。なぜ神様が私たち一人ひとりを選んだのか、そこに何か基準があるのか。それは分かりません。選ばれてキリスト者になる時期も、人それぞれです。若き日にその時が来る人もいれば、老年になってからの人もいる。それは私たちには分からないことです。本人も周囲の者たちも分からない。

中渋谷教会では三月から思いがけない葬儀が続いていますが、私たちは生まれる時も死ぬ時も分からないのです。それは神様のご計画の中にあることで、私たち人間にはその全貌も真相も分かりません。そこに私たちの意志があるわけではないでしょう。また、神様が私たちを選んだのであって、私たちが神様を選んだのでもない。私たちは人間であり神ではないのです。分かっていることはごく僅かです。

しかし、神様に選ばれた目的は知らされていると思います。

**何のために選ばれたのか**

ペトロは、続けてこう言っています。

「あなたがたは、父である神があらかじめ立てられた御計画に基づいて、〝霊〟によって聖なる者とされ、イエス・キリストに従い、また、その血を注ぎかけていただくために選ばれたのです。」（同一・二）

私たちが選ばれたのは「聖なる者とされる」ためです。つまり、聖なる神の者とされるためなのです。罪の汚れの中にあった私たちが「聖なる者とされる」ためには、イエス・キリストによる罪の贖いの血を注ぎかけていただく必要があります。それは、イエス・キリストを信じることと表裏一体の出来事です。聖霊によって、イエス様の十字架の死が自分の罪の赦しのためであることを信じる信仰が与えられなければ、あの十字架は二千年前の一つの小さな出来事にすぎません。しかし、信仰を与えられた者は、イエス・キリストの十字架の死と復活によって罪の汚れが清められ、新しい命が与えられていることを知ります。

その信仰が何を産み出すのかと言えば、「イエス・キリストに従う」服従の生涯を生み出すのです。私たちは、イエス・キリストを信じて従うために選ばれたのです。自分の意志に従って生きるためではありません。キリストに従って生きる。そこに私たちの本当の喜びがあるのです。

**喜びのはずなのに**

たしかに、私たちを罪と死の支配から救い出してくださったイエス・キリストを信じて従うことは、喜ばしいことのはずです。実際、喜ばしいのです。しかし、その信仰による服従は、辛く苦しいことでもあります。それはどうしてなのか？

第一に、私たちが従うべきイエス・キリストは人々に捨てられた石であり、また岩だからです。そのように捨てられた方を「わが主、イエス」と信じて従うことは、自分もまた捨てられる可能性を秘めたことだからです。だから、イエス様に服従して生きるとは、楽なことであるはずもありません。

さらに言うと、イエス・キリストを捨てる人々と私たちキリスト者は同じ人間であり、同じ地平を生きているからです。私たちキリスト者は、イエス・キリストを主として礼拝しつつ、実は主につまずき、そして主を捨てることがある。そういう背信の罪、裏切りの罪を犯す辛さ、苦しみがあります。これはキリスト者だけが、キリスト者だから犯す罪であり、キリスト者が味わう苦しみです。

イザヤは「主は聖所にとっては、つまずきの石、イスラエルの両王国にとっては、妨げの岩」と語りました。聖なる方として崇められるべきお方が、主を礼拝する民であるイスラエルの聖所にとってつまずきの石となり、民の妨げの岩になってしまっている。それは本当に皮肉なことだし、悲劇的なことです。

しかし、それと同じことがキリスト教会の礼拝堂の中でも起こっている。また、日々の生活において起こっている。それは事実です。なぜ、そういうことが起こるのか。それは、主イエスが私たち人間の欲望に反することを命ぜられるからでしょう。

**つまずきの石、妨げの岩**

私たちが「主の祈り」を祈るときの大きな「つまずきの石」、あるいは「妨げの岩」は「我らに罪を犯す者を我らが赦すごとく、我らの罪をも赦したまえ」という祈りだと思います。この祈りの言葉をスラスラ言えるとしたら、それはその言葉の意味を知ろうとしていないからです。何も考えず、ただ暗唱しているだけだからです。

この祈りを具体的に生きる。自分に罪を犯した者を赦す。そして、自分が神に犯した罪、人に犯した罪の赦しを乞い求める。これができる時、その人は神に造られた人間、神の命の息に生かされている人間であると言ってよいと思う。人の罪を赦す。それも赦しがたき罪を赦す。自分の罪を認める。恥とすべき、赦されるはずもない罪を認める。その罪を悔い改めて、主に赦しを乞い求める。そして、人に赦しを求める。「赦してください」と言う。これほど、私たちの欲望に反することはありません。だから、私たちはそれを意志の力ではできないのです。

「主の祈り」を祈ることは、礼拝の中で必須のことです。主イエスが「こう祈りなさい」と命じておられるのですから。でも、この祈りは私たちにとって「つまずきの石」であり「妨げの岩」です。この石や岩は、とても自力で乗り越えることはできないものです。必ずつまずきますし、行く手を阻みます。
それでは、私たちは愛も赦しもない世界で生きたいのかと言えば、そんなことはありません。それほど殺伐とした恐るべき世界はないのですから。誰だって、愛と赦しに満ちた世界を夢見ている。望んでいる。でも、現実には人の罪を赦せず、赦さず、自分の罪は認めず、神からの赦しを求めていない。そういう現実を正直に認める時、私たちはいつも矛盾を抱えており、自分のしていることが分からない人間だと言わざるを得ません。

**憐れみは消えない**

主イエスの弟子の筆頭であったペトロは、逮捕される直前の主イエスに向かって、「主よ、御一緒になら、牢に入っても死んでもよいと覚悟しております」と言いました。心の底からの愛と信頼を告白したのです。しかし、その数時間後には「わたしはあの人を知らない」と三度も否んだのです。これが私たち人間です。
パウロは、自分自身についてこう言いました。

**「わたしは自分のしていることが分かりません。自分が望むことは実行せず、かえって憎んでいることをするからです。」**
（ローマ七・一五）

これが私たち人間です。

だからこそ、主イエスが十字架の上で「父よ、彼らをお赦しください。自分が何をしているのか知らないのです」と、贖いの血を流しながら祈ってくださったのです。この血には、ご自身の命をささげる愛と赦しがあります。ペトロはこの血によって、また、そこにある赦しを信じる信仰によって罪を赦されたのだし、パウロもそうです。私たちもです。

私たちは神に捨てられても仕方のない者たちですが、神様は私たちを決してお捨てになりません。それは理屈ではありません。私たちにおいて起こっている事実です。私たちが、今日もこの礼拝堂において罪を悔い改めつつ主イエス・キリストを礼拝している。心からの感謝と喜びをもって礼拝している。その事実の中に、私たちに対する神様の憐れみが示されているのです。

**選ばれた民**

主イエスによって罪を赦されたペトロは、教会の信徒たちにこう語りかけます。この手紙は、彼の説教です。ここに私たちが何のために選ばれたかが語られており、イザヤの預言が引用されているので、少し飛ばしながら読みます。

**あなたがたは、主が恵み深い方だということを味わいました。この主のもとに来なさい。主は、人々からは見捨てられたのですが、神にとっては選ばれた、尊い、生きた石なのです。**
**（中略）**
**この石は、信じているあなたがたには掛けがえのないものですが、信じない者たちにとっては、**
**「家を建てる者の捨てた石、**
**これが隅の親石となった」**

のであり、また、
「つまずきの石、
妨げの岩」
なのです。
（中略）
しかし、あなたがたは、選ばれた民、王の系統を引く祭司、聖なる国民、神のものとなった民です。それは、あなたがたを暗闇の中から驚くべき光の中へと招き入れてくださった方の力ある業を、あなたがたが広く伝えるためなのです。あなたがたは、
「かつては神の民ではなかったが、
今は神の民であり、
憐れみを受けなかったが、
今は憐れみを受けている」
のです。

（Ⅰペトロ二・三〜一〇抜粋）

私たちは、誰だって生まれながらに主を信じていたわけではありません。誰も彼も、かつては神の民ではなかったのです。しかし、今は神様の「憐れみ」を受けて「神の民」、「聖なる国民」、神を礼拝する「祭司」とされています。そのような者として選ばれたのです。人々がつまずき、「妨げだ」と言って捨てた石こそ、実は世界の救いの源、隅の親石であり、闇に輝く光であり、世の終わりにその支配を完成する王であり、今も救いの御業を続けてくださっていることを「広く伝えるため」に、私たちは選ばれた。信仰の先達の姿を見、語る言葉を聞き、共に礼拝するようになったのです。その礼拝の中で、神様が神の国の礎をイエス・キリストによって据えてくださり、救いの御業を完成してくださることを

信じて、祈る者とされたのです。

## 選びと使命

そして、私たちはこの礼拝から派遣される日々の生活の中でも、その姿を通してイエス・キリストを証しするのです。それが、選ばれた者の果たすべき使命です。選びには必ず使命が伴う。それはこの世においても全く同じです。その使命を生きないのであれば、選びを無にし、選んでくださった方の名を汚すことになります。

ペトロは、神の憐れみを受けた民の生き方をこう語っています。

**愛する人たち、あなたがたに勧めます。いわば旅人であり、仮住まいの身なのですから、魂に戦いを挑む肉の欲を避けなさい。また、異教徒の間で立派に生活しなさい。そうすれば、彼らはあなたがたを悪人呼ばわりしてはいても、あなたがたの立派な行いをよく見て、訪れの日に神をあがめるようになります。**

（同二・一一〜一二）

「立派な行い」とは「良い業」「美しい業」「尊い業」とも訳される言葉です。それは、神様から与えていただいている憐れみを生きるということです。いわゆる「立派なこと」ではありません。神様から与えられている愛と赦しに生きる。信仰に生きる。祈りながら生きる。主が再び訪れてくださり、救いを完成してくださることを待ち望みつつ、愛と信仰に生きるということです。この世における仕事を誠実に行い、共に生きる家族や友人、同僚を主が愛してくださったように愛して生きる。そして、日曜日ごとに命の糧である御言葉と聖霊を求めて礼拝をささげる。その礼拝において、いつも新たに罪の赦しに与り、新しい命を与えられ、力を与えられて一週間の歩みに出で行く。

私たちもかつて、信仰を生きている証人たちによって礼拝に招かれたのです。今は、私たちも信仰の証人として生きる使命が与えられている。その私たちの歩みを通して、今は神を知らない人たちが、「訪れの日に神をあがめるようになります」とペトロは言います。このことが実現することに優る喜びは、私たちにはありません。

**良い知らせを伝える者の足は**

昨日は、上尾合同教会で秋山徹牧師の司式によって李秀雲牧師の葬儀が執り行われました。

李先生は、神学生としてまた伝道師として中渋谷教会で六年間奉仕をしてくださいました。その後、いろいろないきさつがありますが、上尾合同教会の礼拝堂を拠点として埼玉中国語礼拝教会を設立し、五月二十六日に創立十五周年を迎えられたのです。その日を迎えるまでに、どれほどの苦労があったかと思います。しかし、五月初旬に診察を受けた時は、既に末期であった癌の故に創立記念礼拝に出席することさえできず、六月十三日、五十六歳の若さで天に召されてしまいました。

秋山徹牧師は、李先生の伝道の姿に重ねて「良い知らせを伝える者の足は、なんと美しいことか」というパウロの言葉を読まれました。「良い知らせを伝える者」とは、救い主イエス・キリストを証しする者のことです。そのことに人生をささげる。そこに人生最大の喜びを感じる。李先生は、まさにその喜びに生きた方です。「いつも喜んでいなさい。絶えず祈りなさい。どんなことにも感謝しなさい。これこそ、キリスト・イエスにおいて、神があなたに望んでおられることです」とパウロは言いましたが、まさにそういう感じの方でした。

**決められた道を走りとおし**

昨日の葬儀では、司式者以外に三人が短いメッセージを語るようにと、秋山牧師からの指示がありました。そのうちの一人として指名されたので、私も語りました。

私は、李先生の臨終一時間前に枕元で読んだテモテへの手紙二のパウロの言葉をめぐって語ったのです。それは、こういう言葉です。

**わたし自身は、既にいけにえとして献げられています。世を去る時が近づきました。わたしは、戦いを立派に戦い抜き、決められた道を走りとおし、信仰を守り抜きました。今や、義の栄冠を受けるばかりです。正しい審判者である主が、かの日にそれをわたしに授けてくださるのです。しかし、わたしだけでなく、主が来られるのをひたすら待ち望む人には、だれにでも授けてくださいます。**（Ⅱテモテ四・六〜八）

ここにも、世の終わりの日、主イエスの再臨による神の国の完成、救いの完成に対する燃えるような希望があります。その希望をもって、イエス・キリストを宣べ伝える。そのことに徹する。自らの身を献げ、神様が決めてくださった道を走りとおす。李先生はその道を走りとおしました。傍目には走るペースが速すぎて、体に無理が来たと思うほどにです。

私たちもまた、それぞれにイエス・キリストを宣べ伝え、証しするために選ばれているのです。それぞれの道があります。それがどんな道であれ、その道を走りとおすことには戦いがあります。世においては捨てられることもあり、顧みられないこともあり、迫害されることもあるでしょう。困難は数限りなくあるのです。しかし、救いが完成する日を信じ、その日に向かって生きる者たちと共に主はいてくださるし、終わりの日に義の冠を授けてくださるのです。そして、それは私たちだけのことではありません。「主が来られるのをひたすら待ち望む人には、だれにでも授けて」くださるのです。だから、私たちは一人でも多くの人が主を信じ、「主が来られるのをひたすら待ち望む人」となり、主が再臨される日に主を崇め、義の冠が授けられることを願って祈るのです。

父よ

御名が崇められますように。私たちを、御名を崇める者にしてください。そして、一人でも多くの者があなたの御名を崇めることができますようにしてください。私たちの罪の汚れを洗い清めて、その良い業のために私たちを用いてください。私たちはこの身をあなたにささげます。主イエス・キリストの御名によって祈ります。アーメン

（二〇一三年六月二十三日）

# 御国が来ますように　一

〈主の祈り 6〉

ルカによる福音書一一章二節
マタイによる福音書六章九節～一〇節

「主の祈り」に関して御言に聴き始めて今日で六回目となります。今日は第二祈願とよばれる「御国が来ますように」です。

## 国

「御国」とは、原文では「あなたの国」あるいは「あなたの支配」「あなたの統治」です。「あなた」とは主イエスの「父」であり、私たちの「父」となってくださった神様のことです。だから、御国とは「神の国」、マタイによる福音書では「天の国」と言われるもののことです。

私たちが「国」と聞く時、多くの場合は国境線を持った国土をイメージすると思います。国はそれぞれの領土、領海、領空を支配しています。その境界線は、戦争のたびに変更されます。そして、それぞれの国がその境界線の中にある土地を「我が国固有の領土である」と言い、「主権に関わる事柄においては一歩も譲らない」と言い合うことになります。対立する領土問題でお互いに譲らないとなると、最後は力で決着をつけることになります。しかし、その決着も最終的な決着ではありません。両者の間にあるわだかまりはその後も続き、いつの日かまた紛争が起こったり戦争をすることになる。私たち人間は、そういう歴史を繰り返してきました。

## 退屈な歴史

ある人が「人間の歴史が循環的歴史である限り、そこで生起していることが一見どんなに興味深く見えようが、それは結局のところ根本においては退屈な領域でもあるのだ」と言いました。それは本当のことだと思います。

私たち人間は戦争を繰り返し、多くの犠牲者を生み出してきました。その犠牲者を慰霊する行事の中で「過ちは二度と繰り返しません」と決意表明をすることがあります。しかし、その「過ち」の理解は、人それぞれです。

特に政治家に多いように思いますが、「過ち」とは戦争をしたことではなく戦争に負けたことであると理解している人がいます。あの戦争はあくまでも正しい戦争であって、敗戦という結果だけが過ちだった。そう考える人は、今度は負けないように今から準備しなければと考えます。そして、「今の憲法を変えなければ駄目だ。天皇を再び元首の位に戻すべきだ。国防軍を持つべきだ。天皇の世が千代に八千代に続くことを願う歌をこれからも国歌として尊重すべきだ」と主張しています。

その一方で、戦争をすること自体が過ちなのだと理解する人々がいます。結局は資源の奪い合いであり大量殺人にすぎない戦争を美化する時に、人間は悪魔の虜になっているのだ。人を殺すことを美化したり、お国のために死ぬことは名誉なことだと子どもたちに教える「過ち」は決して繰り返しません、と決意する人々もいる。その両者は、決して相容れない理解です。

しかし、そのように「過ち」を理解する人は、この国にあっては多くはありません。来週の参議院選挙で、そのことが明らかになるでしょう。多くの人々の関心はとにかく景気ですから。そして、選挙の結果を見てある人々は喜び、ある人々は悲しむに違いありません。日本に限らず、この世の国々はこれからも、これまで同様に様々な過ちを繰り返すだろうと思います。そこに本質的に新しいものはありません。あるのは退屈な歴史です。

### 希望がなければ

そういう退屈な歴史の中を生きていくためには、希望が必要です。浮かんでは消えるような希望ではなく、決して無くならない希望が必要です。それは、人間が作り出した希望ではあり得ません。人間が作り出す希望はすべて一時的なものだし、限定的なものだし、さらに言えばエゴイスティックな希望にすぎないからです。人間的な希望は必ずついえます。決して無くなることがない希望、つまり神様が与えてくださる希望がなければ、人間の歴史が退屈な循環的歴史であることを承知しつつ生きていくことはできません。少なくとも、神様が望む生き方はできません。

### 祈るキリスト者

私たちキリスト者とは、祈る人間です。「主の祈り」を一人でも祈り、また声を合わせて共に祈る人間です。祈りはキリスト者の呼吸であると言われます。私たちは誰でも呼吸をしなければ生きていけません。

「祈り」である限り、そこには求めがあります。それは、合格祈願とか安産祈願とか戦勝祈願というものとは全く質を異にするものです。私たちキリスト者が祈りの中で求めているのは、神様の御心の実現であって私たちの欲求の実現ではありません。私たちは、神様がその御心を実現されることを信じて祈っているのです。だから、その希望は消えることがないのです。

### 見果てぬ夢

「御国が来ますように」は、第一祈願である「御名が崇められますように」と基本的には同じ祈りです。人間が作り出す退屈な循環的歴史が、神様によって完全に断ち切られて、神の御名だけが聖なるものとして崇められる。国境線の中で声高に主張される「我が国固有の領土」という滑稽な言葉が無意味となり、その領土に対する「主権」という愚かな言葉が吹き飛んでしまう。天地の主権者はイエス・キリストであることが、すべての人間に感謝をもって承認される。皆が主イエス・キリストの御前にひれ伏し、主イエス・キリストが愛してくださったように互いに愛し合う。そのことにおいて、自分たちがキリストの王国に属していること、神の国に属している喜びを分かち合う。

それはこの世においては見果てぬ夢、実現不可能な夢と言われて笑われることです。しかし、信仰を与えられた私たちにとって、それは神様の約束に基づく夢です。飽くことなく繰り返される退屈な循環的歴史の中で、一貫して見続けるべき夢だと思います。そして、いつも新たに心踊らされることなのです。神様は必ず天地を貫く神の国を完成してくださることを信じ、その約束の実現に向かって歩むことは退屈とは正反対のことです。しかし、それが実に大変なことであり困難に満ちたものであるかも明らかです。

## 本国は天にある

パウロは、「わたしたちの本国は天にあります」と言いました。キリスト者の国籍は天（神の国）にあり、私たちは、イエス・キリストを通して地上にもたらされつつある神の国の住民なのだということです。そういう私たちが、今、地上を生きている。「日本」という国の中で生きている。かつて、キリスト教信仰をもってこの国で生きることはかなり厳しいことでした。キリスト教は外来宗教ですし「敵性宗教」とされていたからです。

しかし、「キリスト教国」と言われるアメリカの中でキリスト者として生きることは、エイリアンとして生きることだと書かれている書物を読んだことがあります。エイリアンとは、その国の中に生きつつ市民権を持たないよそ者、あるいは異なる星から来た異生物のことです。

二〇〇一年にテロ攻撃を受けた直後、アメリカは、どこにいるのかも分からぬ敵への復讐に燃えました。「リベンジ」という言葉が溢れ、「愛国心」で全土が覆われました。そこで何をしたかと言えば、彼らが「テロリスト」と呼ぶ人々と同じように、多くの人々を虫けらのように殺したのです。その殺戮を、「神が求める正義と平和のためである」と疑わない多くの人々がいたし、今もいます。その国の歴代の大統領は、皆キリスト者です。法律で決まっていなくても、キリスト者以外が大統領になることはないでしょう。そういう国の中で「敵を愛し、自分を迫害する者のために祈りなさい」とイエス様はおっしゃっていると口にし、イエス・キリストの言葉に従うキリスト者として生きることはかなり危険なことです。まさに、市民権を失うエイリアンになる他にないでしょう。皮肉なことに、同じキリストを信じている者同士の間にこそ最も鋭い敵対関係が生じるものです。それは、日本においても事情は同じです。

しかし、「神の国」とは、イエス・キリストを通して与えられた愛と赦しの交わりなのです。しかし、その交わりを真剣に祈り求めているキリスト者は多くはないように思います。

## 真に恐るべきは神

主イエスは「体は殺しても、魂を殺すことのできない者どもを恐れるな。むしろ、魂も体も地獄で滅ぼすことのできる方を恐れなさい」（マタイ一〇・二八）とおっしゃっています。真実に恐れるべき方を恐れることによって、つまらぬ恐れから自由にされるのです。しかし、その「つまらぬ恐れ」は、決して「小さな恐れ」ではありません。

イエス様は生まれたその時からヘロデ大王に命を狙われ、結局、この世の支配者たちによって殺されましたが、あの十字架の下には「十字架につけろ」と叫ぶ群衆もいたのです。そして、弟子たちはいませんでした。逃げて隠れていたからです。

主イエスは、そういう世に、王（メシア・キリスト）として遣わされ、言葉と徴を通して愛と赦しの神の国が到来したことをお告げになりました。

イエス様の宣教の第一声は「時は満ち、神の国は近づいた。悔い改めて福音を信じなさい」（マルコ一・一五）です。この言葉は、すべての人に向けてのものです。例外はいないのです。主イエスにとっては、権力者と庶民の間に区別はないし、人格者と犯罪者の間に区別はありません。主イエスは、この言葉をある特定の人々に語った訳ではなく、すべての人に向けて「悔い改めて福音を信じなさい」と呼びかけたのです。そのこと自体が恐るべきことではないでしょうか。

たとえば、戦前の日本で「天皇もまた悔い改めるべき罪人の一人です」と公言することは命がけでした。そう公言することで逮捕され、拷問を受けた牧師がいます。獄死した人もいます。そういう牧師やキリスト者を「あれはキリスト者の中でも変わり者です。私たちは天皇に対する国民儀礼をすることと、キリストを礼拝することは両立すると思っています」と言う牧師やキリスト者もいました。その本心が、どこにあるかは分かりません。問題は人がどう思うかではなく、神様はどうお考えになるかです。

戦争が終わった後に、礼拝の中で国民儀礼をする教会はなくなりました。それは何を表しているのでしょうか。中渋谷教会の「八十年史」資料編に含まれている年表には、この教会も祖国の必勝を祈願する祈祷会をささげ、礼拝の中で国民儀礼をした事実が記されています。そのことを繰り返してはならない「過ち」として理解する人と、「当時として当然になすべきことだった」と理解する人がいるでしょう。しかし問題は、神様がどうお考えになるかです。

**新たに生まれなければ**

ヨハネ福音書には、ニコデモという人とイエス様の間に交わされた不思議な対話の場面があります。ニコデモは位の高い議員でした。しかし、彼にはある種の洞察力と純粋さがあったように思います。彼は、イエス様の不思議な業と言葉に心を揺さぶられたのです。全く異質なものが、この地上に突入して来たことを直感したのだと思います。

彼は、夜の闇に身を隠しつつイエス様を訪ねてきました。もし、その姿を同僚に見られたら、彼は市民権を失うエイリアンになってしまうからです。

**「ラビ、わたしどもは、あなたが神のもとから来られた教師であることを知っています。神が共におられる**

**のでなければ、あなたのなさるようなしるしを、だれも行うことはできないからです。」**（ヨハネ三・二）

イエス様は彼に、「はっきり言っておく。人は、新たに生まれなければ、神の国を見ることはできない」とお答えになります。ニコデモは意味が分かりません。イエス様は畳みかけます。

**「はっきり言っておく。だれでも水と霊とによって生まれなければ、神の国に入ることはできない。肉から生まれたものは肉である。霊から生まれたものは霊である。（中略）風は思いのままに吹く。あなたはその音を聞いても、それがどこから来て、どこへ行くかを知らない。霊から生まれた者も皆そのとおりである。」**（同三・五～八）

ニコデモはやはり分かりません。イエス様はそれでも語り続けますが、その言葉はいつの間にか「神は、その独り子をお与えになったほどに、世を愛された。独り子を信じる者が一人も滅びないで、永遠の命を得るためである」という教会の信仰告白の言葉になっていくのです。

## 信じる者は永遠の命を得る

「永遠の命を得る」とは、「神の国を見る」あるいは「神の国に入る」ということです。神の国に生きることなのです。その国に生きるために必要なのは、「独り子を信じる」信仰、それだけです。その信仰は聖霊によって与えられます。人が与えてくれるものではありません。私たちはある人を「信仰の恩師」と言うことがありますし、それはたしかにそうでしょうが、恩師が信仰を与えてくれる訳ではありません。信仰は、神様が与えてくださるのです。人ではありません。

だから、私たちがよく口にする「信仰を持っている」という言葉もおかしいのです。信仰は所有できる「物」ではないからです。いつも新たにそよぐ風である聖霊を身に受け、神の声を新たに聴き続けることによって「生きる」ものなのです。信仰は躍動するものであり、誤解を恐れず言えば、いつでも消えるしいつでも生まれるものです。生きているものなのです。だから、「時は満ち、神の国は近づいた。悔い改めて福音を信じなさい」という招きは、いつもすべての人々に向かって発せられている愛の招きなのです。キリスト者も、いつも新たに聞くべき招きです。

### 塵と灰に帰す人間の業

ヴァルター・リュティというスイスの牧師が、「御国を来たらせてください」とは「あなたの御言を来たらせたまえ」であり、同時に御言を信じる「信仰を来たらせたまえ」という祈りなのだと説教の中で語っていました。一面から言えば、確かにそうだと思います。

彼は、第二次世界大戦直後のスイスで「主の祈り」の連続説教をしました。それは恐るべき荒廃の中で新たに「主の祈り」を祈り直す取り組みをしたということでしょう。互いの血を流したヨーロッパの教会が、心新たに主の祈りを祈る。そこにしか希望はないと確信したからだと思います。

その連続説教の第一回目の冒頭で、リュティは広島と長崎に原子爆弾が落とされたことを語りました。その原子爆弾は、人間が作り出すものは結局、すべて「塵と灰」に帰すものであることを明らかにしたのだ、と断言します。人間が作り出す物には希望がないということです。人間が作り出す国家も、永遠に続くものではありません。すべて一時的なものであり、人間が作ったものである限り、それを支配しているのは願望とか欲望です。そして、欲望を満たすことができるのはいつも一部の人ですが、それを満たしたところでそれが救いに繋がる訳ではなく、むしろ欲望が実現すればするほど自滅していくのです。

### 世に派遣されるキリスト者

私たちキリスト者もこの地上を生きており、この世を生きています。この世の支配や統治の下に生きているのです。しかし、私たちの本国は天にあり、私たちはこの地上ではエイリアンです。でも、それはこの世の責任を放棄することを意味しません。この世を憎み、軽視して世捨て人のように生きることではないのです。その逆です。善きキリスト者とは、善き市民であるべきです。神は、独り子を与えるほどに世を愛しておられるのです。だから、私たちも世を愛します。私たちは、この世に御子を与えてくださる神様の愛、罪人の罪の赦しのためにご自身を十字架にささげてくださる御子の愛を証しするために、世に遣わされているのです。この愛こそ、この世にはなかった全く新しいものであり、永遠のものなのです。

その「愛」は、「愛国心」とは程遠いものです。「愛国心」の背後には、敵に対する憎しみがありますし、無反省な自己肯定や自己独善があります。そういう愛で国を愛し自分自身を愛する時、すべては塵と灰に帰することになるのです。そこには何ら新しいものはないし、永遠に続くものもありません。それはもう呆れるほど退屈なことです。

しかし、十字架の死から復活し、天に挙げられ、今は聖霊によって救いの御業をなし、世の終わりには再び来たりて、御国を完成される主イエス・キリストの業は常に新しく、そして永遠なものです。そのことを世に向かって証しする。それが、聖霊によって絶えず信仰を新たにされている私たちキリスト者の使命だと思います。

## 祈りつつ果たす使命

私たちは、その使命を「御国が来ますように」と祈りつつ果たしていくのです。祈るとは、御国をもたらすのは私たちではなく神様であることを承認していることです。信仰に燃えるキリスト者が、自分たちの社会活動を通してこの世に御国をもたらすのだと息巻いている姿を見ることがあります。でも、自分たちの力でもたらすことができるものは神の国ではありません。また、信仰と情熱は別物です。信仰は、人間にはできなくとも神にはできることを信じることでしょう。

人間にできない最大のものは、敵を赦すことです。自分に罪を犯す者の罪を赦すことです。それができない限り、この地上に平和はありません。神が共に生きてくださる平和、神様の祝福に満ち溢れる平和はないのです。「御国」とは、何よりも神が共に生きてくださる平和のことです。

## あなたがたに平和があるように

イエス様は、十字架の死から三日目の日曜日の夕方、イエス様への愛を情熱的に語った挙句に逃げたペトロをはじめとする弟子たちの前に現れてくださいました。そして、「あなたがたに平和があるように」と祝福してくださったのです。これは、イエス様が独り子なる神であるが故に与えてくださった罪の赦しです。人間が与えることができる罪の赦しではありません。御国の到来とは、とりもなおさず神様の到来のことです。そして、神様は罪を赦す愛をもって、私たちの所にやって来てくださるのです。

そのことを知って喜びに溢れる弟子たちに、イエス様は息を吹きかけてくださいました。この息は聖霊です。そして、こうおっしゃった。

**「聖霊を受けなさい。だれの罪でも、あなたがたが赦せば、その罪は赦される。」**

聖霊を受けなければ、私たちは罪を赦すことはできないのです。不可能です。しかし、聖霊によって新たに生まれた神の子、信仰に生きる神の子は、霊の導きに身を委ねる時に愛と赦しを生きることができる。御国を生きることができるのです。その御国だけが、塵と灰に帰することがない永遠のものなのです。

## 「プレイス・イン・ザ・ハート」

随分前の映画ですが、私の記憶から消えることがないものに「プレイス・イン・ザ・ハート」というアメリカ映画があります。まだ黒人差別が激しかった頃のアメリカ南部が舞台です。詳細は忘れてしまいましたが、映画の冒頭で、町の保安官が酔っぱらった黒人の青年に銃で撃たれて死んでしまうのです。黒人青年は、様々な差別をされる悲しみを酒で紛らわし、街中で空に向かって銃を撃ったりして憂さを晴らしている。その知らせを受けて駆けつけてきた保安官と黒人青年は仲が良かったのです。でも、冗談半分で青年が保安官に銃を向けた途端、誤って弾が当たってしまい、保安官は死んでしまうのです。

黒人青年は、裁判にかけられて裁かれるべきです。しかし、復讐心に燃える街の白人たちは、それがまるで殺された保安官やその家族が望み、さらには神様までもが望んでいるかのように錯覚して、黒人をリンチして惨殺するのです。

映画は、そういう厳しい差別と憎しみがはびこる小さな町の出来事を描いていきます。不倫をしている夫や妻も出てくる。決して赦し合うことができず、共に生きていけない関係になってしまった者たちが出てくるのです。

その映画の最後は、教会における礼拝の場面です。牧師は、互いに赦し合うべきだという説教をします。その後に聖餐式が続きます。会衆はパンとぶどう酒が載っている皿を、「キリストの平和があなたにあるように」と言いつつ回していくのです。そこには、互いに赦し合うことができない関係を生きている者たちがいます。敵同士になってしまった者たちがいる。そして、映画の冒頭で黒人青年に殺されてしまった保安官とその青年もいるのです。その青年を決して赦すことができないはずの保安官の妻や子どもたち。白いシーツをかぶって黒人をリンチして殺したのであろう白人たち。生きている者と既に死んだ者のすべてが「キリストの平和があるように」と言いつつ、イエス・キリストの体と血の徴、命をささげた愛と赦しの徴であるパンとぶどう酒を分かち合っているのです。

そういう交わりは、この世の誰も作り出すことはできません。ただ父なる神と御子なるイエス・キリストが来てくださった時、そして聖霊の風が吹く時、ただその時にのみ実現する交わりであり、そこに究極にして永遠の平和があるのです。その永遠の平和を求めて、私たちは「御国が来ますように」と祈るのです。そして、礼拝において聖餐式を感謝し祝うことを通して、「神の国は近づいた。悔い改めて福音を信じなさい」というイエス様の声を、この世に響かせるのです。そのようにして、天地を貫く御国が、完成する日をはるかに望み見て生きるのです。そこに、私たちが生きていることの重大な意味があり価値があります。それは、この世からは全く評価されない意味であり価値ですけれども、神様は喜んでくださいます。だから、私たちもまた溢れる喜びをもって生きることができるのです。

聖なる御父

御名を崇め、感謝をいたします。あなたの尽きることのない憐れみの中に置かれて、今日も「悔い改めて、福音を信じなさい」という御言葉を聴くことができました。そして、今日も新たに「御国が来ますように」と、共に祈ることができます。私たちは、御国が来る希望によって生きています。私たちはこの希望によって生きて、あなたが御子をさえ惜しまずに与えたこの世に、あなたの愛を伝えるために生きております。御神様、どうぞこれから始まる一週間の歩みを祝福してください。この世の闇は深く、私どもの肉は弱いのです。聖霊を与え、与えられた御言葉を生きる者とならせてください。土の器として、盛られた宝を証しすることができますように。主イエス・キリストの御名によって祈ります。

アーメン

（二〇一三年七月十四日）

〈主の祈り 7〉

# 御国が来ますように 二

ルカによる福音書一一章二節
マタイによる福音書六章九節〜一〇節

**譬話で語られる神の国**

福音書の中にはいくつもの譬話があります。イエス様は「たとえを用いないでは何も語られなかった」(マタイ一三・三四)とも記されています。「御国」は、譬えでしか語ることはできないのです。体系化できる現実ではないし、説明できる理論でもないからです。

神の国(御国)は、種蒔く人とか毒麦、芥子種やパン種に譬えられます。畑に隠されている宝を全財産を売り払って買うことに譬えられたり、網で魚をとることに譬えられたりもします。もちろん、群れから離れた一匹の羊を捜し求める羊飼いの譬話もあるし、放蕩息子と父の譬話もあります。婚宴の譬えもあります。様々なタイプの譬話があるのです。しかし、様々なタイプの「神の国」があるわけではありません。いずれの譬話も、神の国の本質に触れつつ、すべてを語りきっている訳ではないのです。そもそも「御国」とは言葉で語りきれるものではありません。既に到来したものでありつつ、将来到来するものなのですから。イエス様は、「神の国は、見える形では来ない。『ここにある』『あそこにある』と言えるものでもない。実に、神の国はあなたがたの間にあるのだ」(ルカ一七・二一)とおっしゃっています。そう言われても、「ああ、そうか。分かった」と思える訳ではないでしょう。ここに出てくる「あなたがた」とは誰なのか。今日は、その問題から入っていきます。

**「あなたがた」**

「なぜ譬話で語るのか」と弟子に問われた時、イエス様はこうお答えになりました。

**「あなたがたには天の国の秘密を悟ることが許されているが、あの人たちには許されていない。（中略）だから、彼らにはたとえを用いて話すのだ。見ても見ず、聞いても聞かず、理解できないからである。（中略）しかし、あなたがたの目は見ているから幸いだ。あなたがたの耳は聞いているから幸いだ。はっきり言っておく。多くの預言者や正しい人たちは、あなたがたが見ているものを見たかったが、見ることができず、あなたがたが聞いているものを聞きたかったが、聞けなかったのである。」**（マタイ一三・一一〜一七）

ここに出てくる「あなたがた」とは弟子たちのことであり、さらに言えばキリスト者のことです。しかし、ここで「あなたがた」と呼ばれる弟子たちは、実はイエス様の十字架の死と復活の後に聖霊を受けることを通して、イエス様が誰であるかを知らされた人々だと思います。だから、「幸いだ」と言われるのです。旧約時代の「預言者や正しい人たち」が、見聞きすることを願いながら叶わなかったものを見聞きしているからです。

福音書は、聖霊が降って以後に書かれたものです。聖霊によってイエス様が誰であるかを知らされた人々が書いているのです。その人たちは、イエス様に会ったことがある訳ではありません。イエス様の話をじかに聞いたことはないのです。十字架の時も復活の時も、その場にいた訳ではありません。しかし、それらのことを経験したイエス様の直弟子やその他の目撃者たちの証言を聞き、あるいは読み、キリスト教会の礼拝体験を積み重ねながら、イエス様の直弟子たちが見たこと、聞いたことを体験したのです。

私たちにおいてもそのことが起こる時、イエス様が語りかける「あなたがた」が私たちのことになるのです。その時、私たちは今も生きておられるイエス様の語りかけを聞くのだし、神の言葉を聞くのです。その時、私たちの国籍、本国は天に移されます。私たちは、御国の住人になるのです。

それは、この世の「外」に立つことです。「外」に立ちつつ、この世の「中」を生きるのです。だからこそ、既にイエス・キリストを通してこの世の中に来た御国が、この世の外から再びやって来て、新しい天地として完成する日を待ち望むことができるのです。そこに私たちの呻きがあり、私たちの希望があり、そして深い喜びがある。

**全く違った仕方の出会い**

ある人がこう言っていました。

「神の国とは神ご自身のことであり、神ご自身とはご自身の到来における神の国のことである。それは人間との出会いのための到来である」。

「(復活の)イエスは今や彼ら(弟子たち)に別人としてではなく、確かに同一人物として、だが全く違った仕方で出会ったのだ」。

意味深な言葉です。多分、こういうことだと思います。

「神の国とは神の到来のことであり、それは、復活のイエスが主として弟子たちと出会うところに生じた出来事である。復活の主イエスとは、それまでのイエスと同一人物でありながら、全く違った仕方で弟子たちに出会ったのだ。この方と出会うことを通して、彼らは十字架の死に至るまでのイエスの言葉と業、そして十字架の死が何であるかが初めて分かったのである」。

これは本当のことだと思います。だとするならば、「全く違った仕方で」出会ってくださる方と私たちが出会うか否かに、すべてがかかっているということになります。

**復活の主イエスとの出会い（ヨハネ）**

私が自覚的に聖書を読み始め、また教会の礼拝に出席し始めたのは二十歳の頃です。大きな挫折感や絶望感に襲われたので、子どもの頃から身近ではあった聖書を読んだのです。そして、聖書の言葉を通してイエス・キリストと出会ったので、洗礼を受けてキリスト者になりました。「なりました」と言うより、「させられました」と言った方が実感に近いのです。洗礼を受けるとは、古き命に死に新しく生まれ変わる衝撃を伴うことですから、自分から向かうことではありません。

その頃から今に至るまで、読むたびにゾクゾクするような感動を覚えるのは、復活のイエス様が全く違った仕方で弟子たちと出会う場面です。

ヨハネ福音書におけるその場面は、尽きることのない不思議な魅力に満ちています。

主イエスを裏切って逃げた弟子たちは、戸も窓も閉め切った真っ暗な部屋に閉じこもったのです。そこに復活のイエス様が現れ、「あなたがたに平和があるように」と祝福されました。日曜日の夕方のことです。そのイエス様は、手に十字架の釘跡があるイエス様です。その釘跡を、彼らに見せたのです。ということは、復活のイエス様は十字架に磔にされたイエス様と同一人物です。さらに何らかの意味で

「見える」「体」をお持ちなのです。でも、その「体」は、部屋の戸や窓を開けて貰わずともその部屋に入り、真ん中に立つことができる「体」です。つまり、十字架に磔にされた痕跡を留めつつも三日前と同じ「肉体」ではない。「復活の体」を持ったイエス様です。そのイエス様を「見て」、彼らは喜んだ。この事実を合理的に説明することは、誰もできません。ただ、ヨハネ福音書はこのようにして神の国の到来を語っているのです。分かる人には分かるのです。

その時、イエス様は、罪の赦しと新しい命を与える聖霊を弟子たちに吹きかけてくださいました。そして、罪の赦しと新しい命が与えられる福音の伝道をするために、彼らを派遣してくださったのです。この時の弟子たちの驚きと喜びについて、私は何度も語ってきたし、今後も語り続けるでしょう。それは、彼らの体験は若き日の私の体験だし、今も日曜日毎に新たに与えられる体験だからです。私は私として、復活の主イエスに出会うことを通して、私の罪のために主イエスが十字架に掛かってくださったことが分かり、聖霊を吹きかけられて新たにされ、今もその命に生かされているからです。ここにおられる多くの方が、本質的に同じ体験をしておられるはずです。具体的には人によってまったく違う体験をしているのですが、出会った方は同じであり、与えられている命も同じはずです。

**復活の主イエスとの出会い（ルカ）**

もう一箇所、ルカ福音書の最後、エマオ途上の弟子たちとイエス様の出会いの場面、ここも読むたびにゾクゾクします。

イエス様が葬られてから三日目の日曜日の早朝、墓に行った女たちは、イエス様が預言通り復活されたことを天使から聞かされました。「なぜ、生きておられる方を死者の中に捜すのか。あの方は、ここにはおられない。復活なさったのだ」と。その言葉を、彼女らは弟子たちに告げます。しかし、彼らは彼女らの言葉を「たわ言」だと思いました。

その中の二人は、何もかもが儚い夢だったのだと思って、故郷であるエマオという村に帰っていきます。その二人の弟子たちをイエス様が追いかけ、語りかけます。でも、彼らにはそれがイエス様だとは分かりませんでした。「目が遮られて」いたからです。目が遮られていると目の前にイエス様が生きておられても分からないし、「イエスは生きておられる」という言葉を聞いても「たわ言」にしか聞こえないのです。これはよく分かります。

イエス様は「ああ、物分かりが悪くて、心が鈍く預言者たちの言ったことすべてを信じられない者たち。メシアはこういう苦しみを受けて、栄光に入るはずだったのではないか」とおっしゃって、旧約聖書全体にわたってメシアについて書かれていることを説明されました。この時の弟子たちほど幸せな人はいないと、私は思います。でも、彼らは、目の前で語っているのがイエス様だとは分からないのです。四日前まで一緒にいた方なのに分からない。イエス様がそれまでとは「全く違った仕方で出会って」おり、彼らの目が遮られているからです。

夕刻になり、イエス様は弟子の家に招かれるままに入り、一緒に食事の席に着かれます。その時、「イエスはパンを取り、賛美の祈りを唱え、パンを裂いてお渡しに」なった。「すると、二人の目が開け」、彼らの目の前にいる方が「イエスだと分かった」のです。その途端、イエス様の「姿は見えなく」なりました。ここはもう最高に面白いところです。目が開けて「イエスだと分かった」。すると、姿は見えなくなった。これはよく分かります。これは、リアルなことなのです。

二人は「道で話しておられるとき、また聖書を説明してくださったとき、わたしたちの心は燃えていたではないか」と語り合い、即座にエルサレムに帰っていきます。そして、ペンテコステの日に聖霊を注がれた後、彼らは大胆に説教する人間に造り替えられました。彼らは「神はこのイエスを復活させられたのです。わたしたちは皆、そのことの証人です」、「あなたがたが十字架につけて殺したイエスを、神は主とし、またメシアとなさったのです」（使徒二・三二、三六）と説教したのです。

神の国は、このようにして人の所にやって来るものだと思います。それは、墓のような部屋に閉じこもっていた者をその部屋から外に出し、神の国到来という喜ばしい福音を宣べ伝える者に造り替え、絶望して地上の故郷に帰っていく者を、希望をもって天上の故郷を目指して生きる者に造り替えていく御業です。

## 復活の主イエスの招きと臨在

この二つの福音書に記されている出来事は、いずれも同じ日曜日の夕方から晩にかけて起こった出来事です。字義通りに受け取れば、復活のイエス様はエルサレムの隠れ家に現れているその時に、エマオの家でも現れていたのです。復活とはそういうものでしょう。復活の主イエスは、かつてのイエス様と同一人物でありつつ、全く違った仕方ですべての人と出会われる主イエスです。そして、新たに「時は満ち、神の国は近づいた。悔い改めて福音を信じなさい」と招いてくださるのです。

そのイエス様が今、日本中のすべての教会の礼拝堂の真ん中に立って語っておられるのだし、聖餐式がある礼拝ではパンを裂いておられる。日本に限らず、世界中の教会で、目には見えないイエス様が生きて働き給うのだし、信徒の家の中でもその御業をなしておられる。今も電話を通してこの礼拝に与っている兄弟姉妹がいるし、時を同じくして自宅で主を礼拝している兄弟姉妹がいます。その人々と主イエスは共におられ、今日も語りかけておられる。その現実の中に復活のイエス様の到来があり、神の国の到来があるのではないでしょうか。
イエス様は信じる者には見え、その声も聞こえますが、そうでない者にはすべての意味が隠されている譬話にすぎません。信じるか否かの分かれ道は、聖霊を受けるか否かにあります。

**聖霊によって神の子とされる**

私は、「主の祈り」に関する一回目の説教の中で「アッバ、父よ」に関して語りました。パウロが、ローマの信徒への手紙八章でこう語っているからです。

**神の霊によって導かれる者は皆、神の子なのです。**（中略）**この霊によってわたしたちは、「アッバ、父よ」と呼ぶのです。**」
（ローマ八・一四～一五）

私たちが親しく神様を「父よ」と呼ぶことができるのは、イエス・キリストの十字架の死によって、神様が私たちの罪を赦してくださったからです。罪とは神に敵対することです。自分の国（支配）を作って、神と敵対することなのです。命の創造主である神を無き者にして生きることです。それは、実は自分自身の命の源を抹殺する自殺行為なのです。けれど、そうとは思わずに、人間は自らの首を絞めることを延々と繰り返します。
神様は、そういう愚かな私たちに対する憐れみを持ち続けてくださるのです。決してお見捨てになることがない。裁きながら赦し、新たに生きることを願ってくださいます。

その愛の働きかけの究極が、独り子なるイエス・キリストを世に送ることなのです。神様は、愛する独り子に私たちの罪を負わせ、十字架で裁いてくださいました。そのことによって、私たちを赦してくださったのです。ただ愛の心で赦してくださったのではなく、御子を裁くことを通して赦してくださったのです。復活の主イエス・キリストが手の釘跡を見せながら弟子たちに「平和があるように」と語りかけてくださったことは、そのことを知らせてくださったということです。そして、イエス様は聖霊を通して、いつも新たに愛を注ぎかけてくださる。その愛の故に、私たちもイエス様と同じく「アッバ、父よ」と呼びかけることができる。そこに、既に与えられた救いがある。既に与えられた御国があるのです。

## キリストと共に苦しむなら

しかし、パウロは続けてこう言います。

**もし子供であれば、相続人でもあります。神の相続人、しかもキリストと共同の相続人です。キリストと共に苦しむなら、共にその栄光をも受けるからです。**
（ローマ八・一七）

相続人とは、遺産相続を約束されてはいても、まだ相続している訳ではない人のことでしょう。相続は、将来のことなのです。その将来の相続のために、私たちキリスト者はキリストと共に苦しむことが必要だ、とパウロは言うのです。さらに「現在の苦しみは、将来わたしたちに現されるはずの栄光に比べると、取るに足りないとわたしは思います」と言います。

現在は、苦しみの時なのです。先週も語りましたように、人間の歴史が循環するからです。神に敵対し、自分たちの支配を確立しようとし、世界の覇権を我が手に収めようとする企ては終わることがありません。その結果、戦争が繰り返され、無数の人々が虫けらのように殺され、また自然は破壊され、動物もまた無残に殺されています。一昨日のニュースで見たことですが、二本の象牙のために、あの大きな体のアフリカ象は密猟者に殺され続けています。食べるためではなく、目先の利益のために殺す。背景には、人間が作り出した貧富の格差があります。しかし、より根源的に言えば、すべては自分のものだと錯覚する人間の罪があるのです。

そういう罪に満ちた世界の中を、私たちは生きている。そういう罪の世界の中にイエス・キリストを通して神の国が到来した、突入して来たことを知らされて生きている。そして、この世界で行われている多くのことが、御心に背くものであることを知らされながら生きている。私たち自身も、しばしばその御心に背きつつ生きている。その私たち人間の現実を見て、「悔い改めよ」と、今も叫び続けているイエス・キリストが苦しんでいないはずはありません。私たちも苦しまざるを得ないのは当然です。霊においてキリストが我が内に生きておられるのですから。しかし、その苦しみは、私たちに希望があるが故の苦しみなのです。

### 体が贖われること

パウロは、こう続けます。

**被造物だけでなく〝霊〟の初穂をいただいているわたしたちも、神の子とされること、つまり、体の贖**

**われることを、心の中でうめきながら待ち望んでいます。わたしたちは、このような希望によって救われているのです。見えるものに対する希望は希望ではありません。現に見ているものをだれがなお望むでしょうか。わたしたちは、目に見えないものを望んでいるなら、忍耐して待ち望むのです。**

（ローマ八・二三～二五）

「体が贖われること」とは、御国が来る時に私たちが御子の復活、その栄光の姿に与ることです。体が甦ることです。私たちには、その日が来るという希望を与えられているのです。そのこと自体が、この望みなき世にあって既に救いに入れられている証拠です。だからこそ、私たちは呻きつつ生きるのです。忍耐しつつ生きるのです。まだ御国は完成していないのですから。

### 終末の遅延

原始キリスト教会にとっての最大の問題は、終末が来ないという現実でした。パウロは、自分が生きている間に世の終わりが来ると思っていました。だから、信徒たちに「その日に備えて信仰を守って生きよ。迫害に耐えよ。主はすぐに来る」と説教をしたのです。信徒たちは、その日が近いことを信じて忍耐して待ち望んだのです。

しかし、世の終わりは来ませんでした。パウロの時代から二千年経った今も、まだ来ていません。そういう現実の中で「主が来るという約束は、いったいどうなったのだ。父たちが死んでこのかた、世の中のことは、天地創造の初めから何一つ変わらないではないか」（Ⅱペトロ三・四）と言う人々が出てきたのです。しかし、パウロの手紙よりもかなり後の時代に書かれたと推定されるペトロの手紙二の中に、こういう言葉があります。

**愛する人たち、このことだけは忘れないでほしい。主のもとでは、一日は千年のようで、千年は一日のようです。ある人たちは、遅いと考えているようですが、主は約束の実現を遅らせておられるのではありません。そうではなく、一人も滅びないで皆が悔い改めるようにと、あなたがたのために忍耐しておられるのです。主の日は盗人のようにやって来ます。（中略）しかしわたしたちは、義の宿る新しい天と新しい地とを、神の約束に従って待ち望んでいるのです。**

（Ⅱペトロ三・八〜一三）

**変わることなき使命**

世の終わりがいつ来るかに関しては、復活のイエス様が弟子たちにこうおっしゃっています。

**「父が御自分の権威をもってお定めになった時や時期は、あなたがたの知るところではない。あなたがたの上に聖霊が降ると、あなたがたは力を受ける。そして、エルサレムばかりでなく、ユダヤとサマリアの全土で、また、地の果てに至るまで、わたしの証人となる。」**

（使徒一・七〜八）

御国がいつ来るか、それは私たちには知り得ぬことです。私たちは自分がいつ死ぬかも分かりません。それらのことは神様が定めることであって、私たちが早めることも遅らせることもできません。しかし、「義の宿る新しい天と地」が来るまで、私たちがなすべきことははっきりしています。「一人も滅びないで皆が悔い改めるように」「地の果てに至るまで」イエス・キリストの証人として生きることです。生きることにおいても死ぬことにおいても、イエス・キリストを証しすることです。「時は満ち、神の国は近づいた。悔い改めて福音を信じなさい」と招かれている主イエス、今も手の釘の跡を見せつつ「あなたがたに平和があるように」と語りかけてくださる主イエス、私たちのために「パンを裂いて」渡してくださる主イエスを証しすることでしょう。私たちが証しされたように証しする。招かれたように招く。愛されたように愛する。

この国が今後どの方向に舵を取ろうとも、世界がどのようになっていこうとも、その現実を見てどれほど苦しみ、絶望しそうになったとしても、主イエスは今も生きておられ、一人も滅びないで救われるために働いておられるのですから、私たちも働くのです。聖霊を与えられる時、私たちの信仰の目は主の姿を見、その耳は主の声を聞くでしょう。だから、私たちは幸いなのです。

その目と耳を与えられた者たちの働きの中核は、祈りです。祈りなくして動くことは、私たちのなすべきことではありません。

弟子たちも、イエス様に言われたようにエルサレムの家で祈っていたのです。その時に「激しい風が吹いて来るような音が天から聞こえ」、「彼らが座っていた家中に響き、炎のような舌が分かれ分かれに現れて、一人一人の上にとどまった」のです。その時、彼らは力を得て地の果てまでの証人とされていきました。全世界の教会は祈りと聖霊によって誕生し、今も生きているのです。人間の知恵と力に頼る教会は必ず消えうせます。

だから、イエス様は今日も私たちにこうおっしゃるのです。


「祈るときには、こう言いなさい。

**『父よ、御名が崇められますように。**

**御国が来ますように。』」**

**山本元子先生**

先週の火曜日の午前、二〇〇一年度まで二十五年間、中渋谷教会に仕えてくださった山本元子先生が天に召されました。元子先生の愛唱歌の一つは一六一番（二編）です。五節はこういう詞です。

「まもなく主イエスはきたり　われらをむかえたまわん
　いかなる喜びの日ぞ　いかなるさかえの日ぞ」
「わがたま　いざたたえよ　聖なるみ神を
　わがたま　いざたたえよ　聖なるみ神を」

元子先生もまた、二千年間信仰を継承してきたキリスト者と同様に、神の御名が崇められること、聖なるものとされること、御国が完成する栄光の日をはるかに望み見て、苦しみ多きこの世を忍耐をもって歩み通されたのです。主が共に歩んでくださったからです。私たちにおいてもそれは同じです。「御国が来ますように」と祈る者と共に主イエスは歩んでくださり、いつの日か必ず御国における復活の栄光に与らせてくださるのです。そのことを信じる私たちが、どうして主を賛美しないでいられるでしょうか。

聖なる父なる御神

感謝をいたします。あなたの御言葉を、感謝いたします。聖書の言葉を、あなたの御言葉として聴ける者としていただいたことを、感謝いたします。主が今も生きておられることを信じることができる者としていただいて、感謝いたします。神様、あなたから与えられたものをあなたにささげながら、あなたの栄光を讃える者とならせてください。

私どもはあなたの敵で、汚れており、滅ぶべき者でしたけれども、あなたの憐れみを受けて、「イエスは主である」と、信じ告白する者に造り替えていただきました。これからも「イエスは主である」「天地を貫いて主である」と、この身をもって証をしていくことができますように。そのことのために、これからも御言葉と聖霊とをお与えください。主イエス・キリストの御名によって祈ります。アーメン

（二〇一三年七月二十一日）

# 〈主の祈り 8〉

# 御心が行われますように

ルカによる福音書一一章二節
マタイによる福音書六章九節～一〇節

**獅子がほえる**

聖書を読むということは、やはり恐ろしい体験だと思います。それは、当然のことです。罪人が神の声を聴くことだからです。

アモスはただの羊飼いでした。そのアモスに主の言葉が臨み、彼はいきなり預言者にされてしまいました。そのアモスがこう言っています。私が、牧師になるしかないと思いつつ、それだけは嫌だと悩んでいた若き日に読んで、戦慄を覚えた言葉です。

彼はこう言うのです。

**「獅子がほえる**
**誰が恐れずにいられよう。**
**主なる神が語られる**
**誰が預言せずにいられようか。」**

（アモス三・八）

これは、彼の実体験です。私も私なりに分かります。この時代に動物園があるわけではありません。檻の向こうでライオンが吼えるわけではありません。いつでも飛びかかってこられる至近距離で吼えられる。その声を聴きその顔を見る時、人は生きた心地がしないでしょう。それでもなお生きているとすれば、人はそこに何を感じるのでしょうか。

アモスにとって、主なる神が語りかけてくるとはそういうことなのです。その主の語りかけを聴くならば、最早それまでの自分ではいられなくなる。聴いた言葉を語ることに献身するしかなくなるのです。

## 神を見たのになお生きている

先週は、新約聖書の中で私が好きな場面を二つ読みました。今日は、旧約聖書の中から一つ選びます。それは、イスラエルの父祖ヤコブが夜を徹して神様と格闘する場面です。

彼は、神様の祝福を求めて格闘するのです。その翌日には、かつて彼が騙して長子の特権を奪った兄エサウと会わねばならないからです。エサウは四百人もの手下を引き連れているのです。ヤコブの出方次第では、ヤコブの全財産はもちろん命すら奪いかねない雰囲気を漂わせています。ヤコブにとっては、ライオンが唸り声をあげつつ次第に近づいて来るような感じです。隙を見せれば噛み殺されてしまいます。彼は怯えました。そのヤコブに対して、神様は人の姿で現れて一晩中格闘してくださったのです。その途中で、神様は彼の腿の関節を外します。それでもヤコブは主を掴んだ手を放しません。痛みに耐えつつ、祝福を求め続けます。ついに、主の方が根負けをして彼を祝福する。そういう場面です。

神様からの祝福を受けた後、彼は「わたしは顔と顔とを合わせて神を見たのに、なお生きている」と言い、その場所を「神の顔」(ペヌエル)と名付けました。聖書の記述はこう続きます。

**「ヤコブがペヌエルを過ぎたとき、太陽は彼の上に昇った。ヤコブは腿を痛めて足を引きずっていた。」**
（創世三二・三二）

何とも言えない魅力に満ちた不思議な場面です。主の顔を見てもなお生きていることに、ヤコブは神様の祝福を感じた。それは間違いありません。その祝福の内容は、主が彼の罪を赦してくださり、新しく生きることを許してくださったことです。彼は、その祝福を受けることによって、自分を噛み殺すかも知れないエサウの前に出ていくことができました。本当に恐るべきは、人ではなく神だからです。

## 二つの恐ろしさ

神の顔を見る。その声を聴く。その時、人は「それまでと同じ人間」ではいられなくなります。それはやはり恐ろしいことです。それまでの自分が崩壊することだからです。信仰に生きるとは、その崩壊を経てのことです。これは確かに恐ろしいことです。

しかし、私たちが「それまでと同じ人間」であり続けることは、幸せなことなのでしょうか。楽なことではあるでしょう。しかし、よく考えてみると、実は恐ろしいことだと思います。造り主なる神を知らず、自分がどこから来てどこへ行くのかを知らず、何のために生きているのかを知らず、この世の価値観の中で欲望に振り回され、自己保身と自己防衛を繰り返し、憎み争い、復讐を繰り返し、最後は訳も分からぬまま死んでいく。積み重なった悪と罪を恥じながら、あるいは恥ずべきことなのにそれを悔いることもなく死んでいく。

その空しさや恐ろしさを回避するために、人は「死後には美しい世界がある」とか「霊魂は不滅だ」

とかいろいろ勝手な想像をします。でも、確信を得ている訳ではありません。自分の作り話を、自分で信じるだけのことだと思います。不安と恐れを根底に抱えたまま、それを自らにも隠しながら生きている。そういう人間であり続けることも恐ろしいというか、あまりに空しいことだと、私は思います。

私たちには神に出会うことの恐ろしさと、神に出会うこともないままに生きていくことの恐ろしさ、あるいは空しさがあります。

私たちは、出会いを求めることはできます。でも、出会いを自分でコントロールできるわけではありません。求めていてもなかなかその時が来ないこともあるし、求めていなくても突然ライオンが吼えるように神様が語りかけてくることがある。それは、私たちがコントロールできることではありません。

## 主の祈りを祈るということ

「主の祈り」に取り組み始める時から、私はやはり一種の恐怖を感じていました。「とてつもない世界に足を踏み入れることになる。この祈りの言葉に向き合っていくと、それまでの自分でいることはできなくなる」と。この祈りを真実に祈ることは、簡単なことではありません。と言うより、人間が持っている力で祈ることはできないと言うべきだと思います。

## 祈り　業

私たちは「私は祈ることしかできない」と口にすることがあります。それは、自分の小ささや無力さを嘆く時の表現である場合が多いように思います。しかし、それとは逆に「祈りこそ最上の業である」という言葉もあります。

自分は何の業もできない。気にはしているのだけれど、何もできない。そういう嘆きをもって「祈ることしかできない」と言うのですが、それは他面から言えば、「祈ることはできる」ということです。全能の神の御心が実現することを求めて祈るのであれば、「祈りこそ最上の業」なのです。

**究極的な行為者**

問題は、誰が究極的な行為者か、です。そもそも、この世界を造り、私たち人間を造られたのは誰なのでしょうか。それが人間ではないことは、「神など信じない」と言う人たちにとっても明らかでしょう。私たち人間が、世界を造ったわけでも人間を造ったわけでもない。それは誰にとっても明らかです。

聖書を書き記した人々は、天地を造った神がいると信じました。そして、自分たちは神に似せて造られた被造物であると信じた。それは、神様が彼らに出会い、彼らに語りかけ、教えてくださったからです。混沌とした闇の世界に向けて「光あれ」と語りかけ、光を創造されたのは神様です。そして、闇の中に輝く命の光として、独り子なるイエス・キリストを送ってくださったのも神様です。創造も救いも神様の業であって、私たちの業ではありません。神様が万物を造り、神様が救ってくださるのです。

第二イザヤと呼ばれる預言者は、望みを失ってしまったイスラエルの民に向かって語りかけました。

**わたしに聞け、ヤコブの家よ**
**イスラエルの家の残りの者よ、共に。**
**わたしはあなたたちの老いる日まで**
**白髪になるまで、背負って行こう。**
**わたしはあなたたちを造った。**

**わたしが担い、背負い、救い出す。**

（イザヤ四六・三〜四抜粋）

これもまた、「主なる神が語られる、誰が預言せずにいられようか」という預言者の言葉です。目に見える形で語っているのは預言者です。でも、実は主が語っている。究極的な行為者は、主なる神なのです。預言者は主の口になって語る。それは、主なる神を体現することであり、主の証人として生きることです。自分に向かってくる主を信じ、その言葉に従って生きる時、人は主に立てられた預言者、主の証人になるのです。その証人として生きる。そのことがいかに大変なことであるかは、想像に余りあります。しかし、そのことがいかに幸いなことであるかもよく分かります。

**神の業　人の業**

世界を造りイスラエルを造った神が、イスラエルを見捨てない。罪深きイスラエルを裁き、悔い改めに導き、その罪を赦し、そして祝福する。救いへと導く。そのことによって、闇の世界に命の光を輝かせ、ついに「救い出す」。そのすべてをなさるのは神様です。しかし、その神の御業を人々に告げ知らせるのは、そのために選ばれた人間なのです。

**祈りという行為**

私たちは、主イエス・キリストを通して、私たちの「父」に祈るのです。その父は、独り子をも惜しまずに与えてくださる愛で、私たちを愛し続けてくださっている神です。また、時にライオンが目の前で吼えるような臨場感をもって語りかけてくる神様です。その父なる神様に祈り続ける時、それは祈りだけでは終わらない、終われないのです。

私たちキリスト者にとって、祈りとは、神様に願いごとを一方的に言うことではありません。もちろん、祈りは願うことであり求めることです。主の祈りも願い求める祈りです。でも、そこで願っていることは何でしょうか。私たちの心の願いが実現することでしょうか。違います。神様の御心、そのご意志が実現することです。それが「主の祈り」です。

聖書はそういう祈りをもって読むものなのであり、そういう祈りをもって読む時に、ライオンが吼えるが如き神の声が聞こえることがある。だから恐ろしいことなのです。そして、御言葉によって示される御心は、私たちの心の願いとは違うことが多いのです。

**二つの本心**

実は、私たちは神様の御心の実現など願っていない。正直に見つめれば、そう言わざるを得ません。神様を「アッバ、父よ」と呼べることが、どんなに幸いなことかは知っています。しかし、御子イエス・キリストと共に「アッバ、父よ」と呼ぶことは、キリストと共に苦しむことをも意味します。世界が救われるためには、産みの苦しみが必要だからです。神様は御子イエス・キリストを通して罪を赦し、罪とその結果である死を滅ぼし、御子の栄光に似た者とするという約束を与えてくださっています。私たちは「アッバ、父よ」と呼ぶ神の子として、復活の栄光を相続することが約束されているのです。だからこそ、すべての人々がこの救いの約束を信じることができるように呻きつつ祈るのだし、そのことのために働くのです。人間が皆、「それまでの人間」であることを止め、神様の愛を受け入れ、神様を愛し、その愛で互いに愛し合うことを祈り求めつつ、私たち自身がその愛に生きる。それが神様の御心、望み、ご意志であることは、誰だって分かっています。

しかし、私たちは、私たちに罪を犯した者を赦すことをしません。また、自分の罪を認め、神の御前に悔い改め、赦しを乞うことをしたがりません。私たちの心は、そのことを願っていないのです。でも、私たちが自覚していない心の奥底には、愛と赦しを求める思いがあります。そして赦せない心、愛せない心、悔い改めない頑なな心から解放されることを呻くように求めている。神様は、そういう私たちを解放するために、御子イエス・キリストを送ってくださいました。しかし、心の表層は頑強に神様の御心を行うことを拒絶します。「あの人のことは赦しません」と意地を張る。そのようにして、御子を拒絶する。排除し、ついには抹殺するのです。自分の救いのために来てくれた解放者を抹殺して、自分自身を罪と死の殻の中に閉じ込める。そこに私たち人間の悲惨があります。

## しかし、わたしの願いではなく

「父よ、御心が行われますように」という祈りを聞いて私たちが思い起こすのは、主イエスが逮捕される直前の夜に祈られた「ゲツセマネの祈り」でしょう。恐ろしい祈りです。ルカ福音書では、オリーブ山での祈りとなっていますが場所はほとんど同じです。

イエス様は、弟子たちに「誘惑に陥らないように祈りなさい」と言われました。しかし、弟子たちはほどなく眠りこけます。イエス様だけは、その夜の内にユダが剣やこん棒を持った人々を連れてやって来ることをご存じでした。ある意味では、この時のイエス様はエサウを待つヤコブのようでもあります。

夜の闇の中でイエス様は祈られます。

**「父よ、御心なら、この杯をわたしから取りのけてください。しかし、わたしの願いではなく、御心のままに行ってください。」**
（ルカ二二・四二）

「この杯」とは、罪人の身代りになって十字架に磔にされて死ぬことです。そのことが父の御心であることをイエス様はご存じでした。ご存じでしたけれど、もしその御心を変えてくださるのであれば変えていただきたい、と願われたのです。

誰だって死ぬことは恐ろしいことです。イエス様にとっても、死は恐ろしいことです。でも、イエス様の死は「誰だっていつかは死ぬ」という意味での「死」ではありません。罪に対する裁きとしての死であり、処刑による死です。鞭打たれ、辱めを受け、裸にされ、多くの人々の目の前で十字架に釘打たれて見世物にされるのです。これ以上ない恥辱にまみれた死です。そういう死に方をしたくないと、イエス様は思われた。考えただけで痛ましいことです。

しかし、そういう表面に見える恥辱、恐怖よりもさらに深い悲しみがその「死」にはあります。罪人に対する究極的な裁きは、神に見捨てられることです。叱られている間はまだよいのです。見捨てられるとは、叱られもしないことです。神様との関係性が、完全に断たれるのです。天地をお造りになった神、人の命を創造された神、それゆえに、人が罪を犯してもその罪人を担い、背負い、ついには罪を赦して救い出してくださる神様との愛の交わりが断たれる。見捨てられる。世界でただ独り、心を尽くし精神を尽くし思いを尽くし力を尽くして神を愛してこられたイエス様、世界でただ独り、自分を愛するように隣人を愛してこられたイエス様、世界でただ独り、神様の御心を完全に生きてこられたイエス様が、今、神様に見捨てられようとしている。人々は、罪のないイエス様を罪人として、それも神を冒瀆した罪人として処刑する。これほど滑稽なことはないし、これほどグロテスクなこともないでしょう。しかし、この世はそういうもので満ち溢れていることも事実です。そして、神様に完全に見捨てられる死を味わったのも、イエス様ただお独りなのです。

**御心のままに行ってください**

イエス様は、この時もご自分に対する神様の愛を疑うことはできません。神様の愛を疑う者は、このようには祈りません。神様を愛するからこそ、神様の御心が行われることを祈り求めるのです。

ルカはその時の情景をこう記します。

**「すると、天使が天から現れて、イエスを力づけた。イエスは苦しみもだえ、いよいよ切に祈られた。汗が血の滴るように地面に落ちた。」**（ルカ二二・四三～四四）

弟子たちは誘惑に陥り、また悲しみの果てに眠り込んでいました。しかし、イエス様だけは、天使の励ましの中で何時間も呻きながら祈り続けられたのです。「御心のままに行ってください」という祈りは、そういう祈りです。天だけでなく、この地でも神様の御心が行われることを祈るとは、こういうことです。自分の命を、御心にささげることなのです。だから、主の祈りを祈ることは恐ろしいことなのです。

ある牧師は、説教の中でこう語っていました。

「この祈りはある意味で、この祈りを祈る者には誰にでも、その命を犠牲としてささげることを要求します。私たちがキリストに自分を明け渡すこと、私たちがキリストに降伏することを求めます」。

たしかにそうだと思います。この牧師はさらに続けてこう言います。

「主が威厳をもって介入して来られることは、私たちの肉にとって恐ろしいことです。奈落の底に落ちる道を走らせられるかもしれない。しかし、それは救いへと至る道なのです」。

これもまた、その通りだと思います。でも、私たちの祈りは多くの場合、「わたしの願い」に止まります。そのことの故に、救いへと至る道を歩むことができないのです。奈落の底に落ちることは恐ろしいことです。でも、「わたしの願い」に留まり続けることは空しいことです。

## 献身の呻きと喜び

イエス様は天使に力づけられながら、「わたしの願いではなく、御心のままに行ってください」と祈りきっていかれました。父なる神の御前にひざまずいて、祈りきられた。そして、立ち上がったのです。それは、奈落の底に落ちた後に復活することを表しているでしょう。

その祈りの中でイエス様が知らされたこと、それは神様がどこまでも深く強く人間を愛しているということです。ご自分を無視し、背き敵対までする人間を、それでも愛することを止めない神がおられる。その愛を貫き通す神様がおられる。イエス様が知らされたことは、そのことです。

神への愛と人への愛を生きた独り子を、「神を冒瀆する罪人」として裁くユダヤ人の指導者たち、自分の地位や身分を守るためにローマの法を無視してイエス様を十字架に引き渡すローマ人ピラト、自分たちの利益にとって役に立たないと見るや掌を返したように「十字架につけろ、十字架につけろ」と叫ぶ群衆、「主よ、御一緒になら、牢に入っても死んでもよいと覚悟しております」と言いつつ、「わたしはあの人を知らない」と言ったペトロをはじめとする弟子たち。そのすべての人々を愛し、「それまでの人間」であることを終わらせ、新しく生かすために罪を赦そうとする神様の愛。その愛にイエス様は刺し貫かれたと思います。そして、その愛の御心に、ご自身の命をささげられたのです。そこに呻きがあり、嘆きがあり、そして賛美があり、そして喜びがあると思います。そこに死があり、復活があるのです。

## 迷子

私たち人間は、誰でも神様との交わりを失い、実は道に迷った迷子です。普段は気づいていないだけ、あるいは認めていないだけです。自分の命を自分で造った訳でもなく、世界を造った訳でもない被造物なのに、まるで自分が世界の中心にいるかのような錯覚に陥り、自分の命は自分の物であるかのような錯覚に陥り、自分が歩む道はいつも正しいと思い込みつつ生きる姿は、天から見れば迷子そのものです。しかし、自分が道に迷っていることに気づくまでは、その滑稽さも見えてきません。私たちは、ライオンが目の前で吼えてくれないと目が覚めないことがあります。

イエス様は、そういう意味では神様から遣わされたライオンです。迷子になっている一人ひとりを捜し求めてくださり、語りかけてこられるお方だからです。そして、十字架への道を指し示してくださる。それはまさに奈落の底に至る道です。でも、その道しか御心に適う道はありません。この道しか救いに至る道はありません。私たちは十字架の主イエスを見上げ、「わが神、わが神、なぜわたしをお見捨てになったのですか」という祈り、「父よ、彼らをお赦しください。自分が何をしているのか知らないのです」という祈りを、目の前のライオンが吼えている声として聴くことを通して、それまでの自分に死ぬのです。このライオンは、私たちを噛み殺そうとして吼えているのではなく、私たちのために死につつ、私たちの罪が赦されるように天に向かって吼えているのです。その声を聴く。その時、私たちはそれまでの自分に死にます。そして、復活の主イエスから「平和があるように」という祝福の言葉を聴くことを通して新たにされていくのです。

それはすべて、「いと高き方の力」である聖霊に包まれた時に起こることです。その聖霊に包まれる時、私たちはマリアのように、「わたしは主のはしためです。お言葉どおり、この身に成りますように」と祈る人間に造り替えられます。このマリアの祈りは「御心が行われますように、天におけるように地の上にも」と同じです。このように祈ることは、御心に対する献身を意味します。そこに、私たちの死があり復活がある。そこに、私たちの服従があり罪からの自由があるのです。

**主イエスを受け入れることへの招き**

マタイによる福音書においては、イエス様が弟子たちに祈りを教える直前にこうお語りになっています。

**「敵を愛し、自分を迫害する者のために祈りなさい。あなたがたの天の父の子となるためである。父は悪人**

**にも善人にも太陽を昇らせ、正しい者にも正しくない者にも雨を降らせてくださるからである。自分を愛してくれる人を愛したところで、あなたがたにどんな報いがあろうか。（中略）だから、あなたがたの天の父が完全であられるように、あなたがたも完全な者となりなさい。」**

（マタイ五・四四～四八）

この言葉を正面から聴く時に、私たちは「はい、分かりました。そのように生きます」とは言えません。だから、「御心が行われますように、天におけるように地の上にも」と祈らざるを得ないのです。完全な愛は、神様が与えてくださる以外にないのですから。そして、その愛はそれまでの自分が死に、イエス様をその身に受け入れて新たにされる時にのみ生きることができるものです。イエス様は今日も、「この愛に生きるために、私を受け入れなさい」と招いてくださっています。深い呻きと喜びをもって。この招きに、今日新たに応えることができますように祈ります。

聖なる御父

あなたの御言葉を感謝をします。あなたの御言葉を聴くことは、私どもにとっては恐ろしいことです。しかし、それまでの自分に死に、あなたを受け入れて聴くときには蜜のように甘く、力に満ちたものとなります。あなたの御言葉こそが、命の糧なのです。あなたの御言葉こそが、私どもの道なのです。御言葉を与えられなければ、私たちは道に迷い、そして既に死んでいるのです。恵みによって、週の初めの日に毎週礼拝をすることを許していただき、あなたの聖霊の注ぎを受けながら、あなたの御言葉の語りかけを聴き、あなたの御心を知らされることは恐ろしく、また、これ以上にない喜びです。御神、聴いた御言葉を胸に、これよりの一週間の歩みを始めることができますように。あなたに感謝し、あなたを賛美し、あなたを証ししながら、この一週の歩みをすることができますように、私たちを祝福し、そして導いてください。主イエス・キリストの御名によって祈ります。アーメン

（二〇一三年七月二十八日）

〈主の祈り　9〉

ルカによる福音書一一章三節
マタイによる福音書六章一一節

# 必要な糧を毎日与えてください

## マタイとルカ

今日の箇所は、ルカ福音書とマタイ福音書では言葉が微妙に違いますし、私たちが祈る「主の祈り」とも微妙に違います。私たちが祈る「主の祈り」では「我らの日用の糧を今日も与えたまえ」ですが、聖書新共同訳では「必要な糧を」となっています。口語訳聖書では「日ごとの食物を」となっています。皆、少しずつ翻訳が違うのです。

ルカでは「毎日」となっており、「与えてください」は継続を表す現在形の動詞が使われています。でも、マタイでは「今日与えてください」となっており、動詞も今日与えられることだけを求める形です。それぞれに意味深いことです。

「必要な」と訳されているエピウーシオスは、聖書の中でマタイとルカのこの箇所にしか出てこず、当時のギリシア語の用法も分からないようです。そこで、「今日のため」「明日のため」「生きるために必要な」と異なる翻訳がなされています。聖書新共同訳は、「生きるために必要な」の訳を採用しているのです。

## パン

「糧」と訳されたアルトスは「パン」のことです。しかし、この「パン」一つとってみても、それをどのように解釈するかは人それぞれです。パンの元は小麦粉です。その小麦を栽培する人がおり、それを粉にしてパンにする人がおり、それを売る人もいる。そのパンを買うことで私たちの食卓にパンが置かれることになる。そういういくつもの工程を経て、一つのパンが目の前にあるのです。

現代の日本の場合は、小麦粉の多くはアメリカや中国から輸入されたものだと思います。戦争が起こってアメリカや中国が小麦粉の輸出を止めれば、ほどなく私たちの食卓からパンは消えるでしょう。そういうことを考えると、外国との良好な関係が保たれていなければ、目の前のパンはないということになります。また、パンを買うお金がなければ、パンを食べることはできません。お金を得るためには、仕事がなければなりません。仕事をするためには健康でなければならないし、雇用してくれる職場がなければならない。だから、この祈りは世界の平和、社会の繁栄、自分の健康などを求める祈りであると言われることもあります。

しかし、イエス様は「わたしは、天から降って来た生きたパンである」とおっしゃいました。また、悪魔から誘惑された時は「『人はパンだけで生きるものではない。神の口から出る一つ一つの言葉で生きる』と書いてある」とお答えになりました。こういうことも考慮に入れると、「パン」とは何であるかだけでも、何回かの説教が必要となります。私たちはパンだけで生きてはいないとしても、パンなしで生きている訳ではないのですから、パンとは何かを考えることは「生きるとは何であるか」を考えることになるからです。

## わたしたち

さらに、ここに出てくる「わたしたち」とは誰のことなのかも問題です。「わたし」個人だけでないことは明らかです。それでは、自分の家族のことなのか。隣の家の家族も含むのか。日本人全体のことか。今日のパンにも事欠き、多くの餓死者を出している貧困国の人々も含むのか。キリスト者のことだけなのか。既に多くの食料を確保している人間たちにとって、この祈りは何を意味するのか。この問題もまた広大にして深淵です。その点は、次週に御言葉に聴いてまいりたいと思います。

## 無条件降伏を求める祈り

今日は、パンを求める祈りをささげるように求められている、いや命じられていることの意味から考えていきたいと思います。

前回の説教で、私は主の祈りに向き合っていくことの恐怖を語りました。「この祈りの言葉に向き合っていくと、それまでの自分でいることはできなくなる。それが恐い」と言いました。そして、今日の箇所に至って、その思いはさらに深くなっています。なぜなら、主イエスはここで私たちを追い詰め、ついに全面降伏を求めておられるからです。部分的降伏、条件付き降伏ではなく、無条件降伏です。

これはやはり恐ろしいことです。かつての日本の軍部は、無条件降伏をすることに対して激しく抵抗しました。しかし、そのことの故に、死ななくてもよかった数多くの人々が無残に死んでいくことになりました。しかし、今、この国は再び戦争に備えようとしているかのようです。世界中の国々が、その本質においては同じなのです。人間が作り出す歴史は、結局のところ戦前・戦中・戦後でしかないのでしょう。戦後は同時に戦前なのですから、なんともやりきれない思いになります。

### 剣をもたらすために来たのだ

そういう人間の歴史の中に、また世界の中に、神様は独り子であるイエス・キリストを通して突入して来られました。主イエスは、恐ろしいことをおっしゃいます。

**「わたしが来たのは地上に平和をもたらすためだ、と思ってはならない。平和ではなく、剣をもたらすために来たのだ。わたしは敵対させるために来たからである。**
**（中略）**
**わたしよりも父や母を愛する者は、わたしにふさわしくない。わたしよりも息子や娘を愛する者も、わたしにふさわしくない。また、自分の十字架を担ってわたしに従わない者は、わたしにふさわしくない。自分の命を得ようとする者は、それを失い、わたしのために命を失う者は、かえってそれを得るのである。」**

（マタイ一〇・三四〜三九）

イエス様が私たちに求めておられることは、私たちがイエス様の前に全面降伏することでしょう。白旗を振り、両手を上げてイエス様の前に出てきて、何の条件も付けずに従うことを求めておられるのです。イエス様の愛を全身に受け入れ、全身全霊を傾けてイエス様を愛することを求めておられるのです。それは、それまでの自分の命を失うことです。時代が時代ならば、あるいは人によっては、信仰に生きることで地位や名誉はもちろん、家族との交わりすら失う場合もある。しかし、それらのものを失わなければ得ることができないものもあるのです。新しい命、永遠の命とはそういうものでしょう。

私たちは、誰だって無条件降伏はしたくありません。主イエスに対しても、部分的降伏、限定的降伏、条件付き降伏はします。日曜日はキリスト者として礼拝をささげます。奉仕もします。献金もします。主の僕として生きます。でも家に帰れば、そこの主人は自分である場合はいくらでもあります。教会の主はイエス様だけれど、家の主は自分。日曜日の主はイエス様だけれど、平日の主は自分。そこにイエス様が出て来て「わたしに従いなさい」とおっしゃっても、「イエス様、ここは私の領域です。ここは俗な世界です。あなたの世界は聖なる世界です。だから、こんな所に顔を出してはいけません。ご安心ください。日曜日になれば、私もちゃんと聖なる世界である教会の礼拝にまいりますから。今日のところはおとなしくお引き取りください」と答えて平然としている。そういうことは幾らでもあるのではないでしょうか。多くの場合は、平日にはイエス様の声などまったく聞いていないということだと思います。その方が楽ですから、そうなる傾向が私たちにはあります。

イエス様がパンを求める祈りをするように命ぜられるとは、私たちに全面降伏、無条件降伏を求めているということです。「パンの問題も神様に依存していることを受け入れよ。神様に依り頼め。あなたたちは一日たりとも自分の力でなど生きてはいないのだ。そのことを全面的に認めよ」とおっしゃっているのです。

私たちは、心の問題は神様に頼みます。「平安を与えてください」と。でも、パンのことは自分でやります。神様の御手に任せはしない。自分でやらないと不安なのです。しかし、私たちがどれほど思い煩ったからとて、私たちは自分の寿命を延ばすことはできないし、いつ死ぬかも分からないのです。すべて、神様の御手の中にあるのです。それなのに、自分の命は自分で守らねばならぬと思うのが、愚かな私たちの現実です。

### 父の愛の現れとしてのパン

もし、私たちが霊肉共に神様に生かされていることを受け入れ、神様が遣わしたイエス・キリストを全面的に受け入れて、自分の十字架を担ってイエス様に従うとするならば、パンの食べ方は変わりますし、食べる目的も変わるはずです。まず、一食ごとに感謝の祈りをもって食べるようになります。「自分で稼いだ金で何を食べようが勝手だろう。残すも残さないも自分の勝手だろう」という食べ方はしなくなります。何もかもが神様の贈り物なのですから、感謝していただくはずです。そして、神様に喜んでいただくことをするために食べるようになるはずです。

父なる神様は、私たち人間を愛しているからパンを与えてくださいます。そのパンを愛とともに受け取り、互いに愛し合い、互いに分かち合って欲しいと願っておられるのです。食べ物も独り占めするのではなく、互いに分け合って食べて欲しいのです。食べることを通して父の愛を受け入れ、互いに愛し合うことを学んで欲しい。そう願っておられる。

ある人は、「パンは神の戒めとともに与えられる」と言っていました。堅苦しい表現かもしれませんが、神の戒めとは「愛」ですから、「パンは神の愛とともに与えられる」と言い換えてもよいでしょう。そのパンを食べるとは、「神様、私は今日もあなたの愛で養われ、生かされています。感謝します。このパンを食べてあなたの愛を分かち合うために生きていきます」と喜びをもって告白することでもある。だから、この祈りはその直前の「御心が行われますように」という祈りと密接不可分な祈りなのです。

## 神の国をもたらす食卓

主の祈りは、最初の三つの祈りが神様のための祈りで、後半の三つが私たちのための祈りであると言われます。たしかにそうです。でも、前半と後半の祈りは表裏一体であり、また密接不可分です。神様は、私たちと隔絶した神様でありつつ、イエス・キリストを通して人となられました。そのことを通して、私たち人間が味わうすべてを御自身の身に引き受けられたのです。死もその身に引き受けてくださった。そこに神様の愛があります。

イエス様は、神の国の伝道を始めて以後、食べるために働くことはなさいませんでした。枕するところのない旅を続けながら、人々の献金や献品で生きられたのです。それは、すべてを神様の御手に委ねて歩まれたということです。飢えや渇きを経験し、人の温かさも冷たさも経験されました。そして、社会の中で周辺に追いやられ、見捨てられている人々を訪ね歩き、共に食卓を囲まれました。また、ファリサイ派の人々とも食事をされました。そのつど、パンを裂き人々に渡しながら天の父に感謝したでしょう。今日もパンで養われていることを。今日も愛されていることを。そして、人々とパンを分かち合いながら、神様の愛を分かち合える幸いを感謝されたのです。イエス様はそのようにして父の御心を行い、そして神の国をこの世にもたらしていかれました。

それは、人間が作り出した社会構造を壊していくものでした。そこに、主イエスがもたらす剣があります。だから、体制の中で上位に位置する人々は剣をもってイエス様を逮捕し、十字架の上で抹殺したのです。

しかし、実はその十字架において、イエス様は私たちが生きていく上で必要な糧を与えてくださったのだし、今も与えてくださっているのです。その事実に気づくか否かは、私たちの人生にとって決定的なものです。

**解放と苦難**

パンを求める祈りを読んで思い起こすのは、出エジプト記一六章のマナの記事です。エジプトの王ファラオの奴隷となってしまったイスラエルの民は、その苦しみを神様に訴えました。神様はその祈りを聞き給い、モーセを遣わして彼らをエジプトから脱出させました。それは、先祖アブラハムに約束した乳と蜜の流れるカナンの地に導き帰すためであり、同時に、シナイ山で十戒を通して契約を結び、イスラエルを神の民とするためです。神の戒めを生きることで神様の御心を地上に広めていく民にする。そのために、神様は彼らをエジプトから脱出させたのです。

しかし、彼らの目の前に広がっているのはどこまでも続く荒れ野です。時折忽然と姿を現すオアシス以外には、生きるために必要な水を得ることもできず、食料を調達する術もないのです。そういう荒れ野を、彼らは延々と歩かねばならぬのです。シナイ山を目指して、またカナンの地を目指して。それは、彼らにとって苛酷な試練でした。かつて、彼らはファラオに課せられる苦役からの解放を願っていました。エジプトを脱出することで、その苦しみからは解放されたのです。しかし、彼らに待ち受けていたのは飢えと渇きの苦しみです。これは、労役の苦しみより根源的な苦しみだと言ってよいかもしれません。人間の生存に関わる苦しみだからです。

**飢え渇き**

彼らは、エジプト時代を懐かしみ始めます。「あのときは肉のたくさん入った鍋の前に座り、パンを腹いっぱい食べられたのに」と。そして、荒れ野でこれほど苦しむなら「エジプトの国で、主の手にかかって死んだ方がましだった」とまで言うようになりました。

私たちはこの夏、異常な暑さの中でまいっています。最近よく思い出すのは三年前に行ったイスラエルです。イスラエルの死海周辺は見渡す限りの荒れ野で、太陽の日差しを遮るものがありません。マサダと呼ばれる丘の上の城砦に行った日は、特に暑い日で四十五度もありました。その暑さの中で添乗員兼ガイドの方は、熱心に説明を続けるのです。私たちのグループも、本来は学びのために行ったのですからその説明を聞くべきなのですけれど、十分もすると皆暑さにまいってしまい、誰も聞いていない。それでも、ガイドはそういう空気は読めない人で、延々と説明をするのです。グループのある方が私の所に来て、「これ以上は我慢できない。このままだとマサダの反乱ならぬ『まさかの反乱』が起こりますよ」とおっしゃるので、私もあわててガイドに「もういいから早くバスに戻ろう」と促したことがあります。私たちはその時、食事の直後でしたし飢えや乾きとは無縁な状態でしたけれど、猛烈な日差しに当たり続けるだけで気分は苛立ってくるのです。クーラーのきいたバスで移動している訳ではなく、強烈な日差しの中を歩き続け、さらに飢え渇きに苦しむイスラエルの民の怒りは理解できます。

**信仰の試み**

彼らの怒る姿を見、不平不満の声を聞かれた時、主はモーセにこう言われました。

**「見よ、わたしはあなたたちのために、天からパンを降らせる。民は出て行って、毎日必要な分だけ集める。わたしは、彼らがわたしの指示どおりにするかどうかを試す。ただし、六日目に家に持ち帰ったものを整えれば、毎日集める分の二倍になっている。」**

（出エジプト一六・四〜五）

民が天から降ってきたパンを集めてみると、「多く集めた者も余ることなく、少なく集めた者も足りないことなく、それぞれが必要な分を集めた」と記されています。

実に不思議な食べ物です。イスラエルの人々は、この食べ物を、「これは何か？」を意味する「マナ」と名付けました。しかし、イスラエルの民の中には、一日分だけではなく自分のために二日分集める者がいましたし、七日目の安息日にもパンを集めようとする者たちがいました。つまり、明日も神様がパンを与えてくださると信じることができず、安息日にも余分に集めようとしたのです。パンを食べることにおいても、あるいはパンを食べることにおいてこそ、主を信じる信仰が問われ、隣人への愛が問われるのです。

**足ることを知る信仰**

約束の地を目指して歩む主の民は、一日一日必要な分を主から糧を与えられながら生きていくのです。神様は、必ず必要を満たしてくださると信じて求める。そして与えられた物が自分にとっては不足に感じても、神様から見れば十分なものであることを信じる。そして、感謝する。そういう、何事にも足ることを知る信仰生活への招きがここにはあるでしょう。

伝道に献身したパウロは、しばしば牢獄に入れられました。そして、彼のことを心配して様々な差し入れをしてくれるフィリピの教会の信徒に向けてこう言いました。

「貧しく暮らすすべも、豊かに暮らすすべも知っています。満腹していても、空腹であっても、物が有り余っていても不足していても、いついかなる場合にも対処する秘訣を授かっています。わたしを強めてくださる方のお陰で、わたしにはすべてが可能です。」
（フィリピ四・一二〜一三）

「わたしの神は、御自分の栄光の富に応じて、キリスト・イエスによって、あなたがたに必要なものをすべて満たしてくださいます。」

（同四・一九）

私たちが欲しがるものの多くは、私たちが生きる上で必要なものではありません。そういうものを欲しがることによって、私たちはいつも不足感、欠乏感に苛まれているのです。しかし、「主の祈り」を真実に祈りつつ生きる時、私たちは富に処する道も貧に処する道も弁えることができるようになります。つまらぬ不足感や欠乏感や妬みや優越感などから解放されるのです。そういう肉欲からの解放への招きが、この祈りにはあります。

一日一日神の愛によって生かされ、守られていることを知る者は、富んでいる時はその富を人々に分かち合うようになります。私たちが礼拝毎にささげる献金もその一つです。教団を通しての被災地への献金、全国の教会の会堂建築などへの献金、石巻山城町教会や福島教会への連帯支援献金、日本聾話学校への献金、東京神学大学への献金、日本基督教団の年金局に対する献金やバザー収益の献金なども、神様が与えてくださる賜物を神様の御心に適う形で用いていただけるように祈りつつささげる献金です。必要な糧が足りないところに献金できることは、大きな喜びです。

パウロは教会の献金に関して、コリント教会の信徒に向かってこう言っています。

あなたがたの現在のゆとりが彼らの欠乏を補えば、いつか彼らのゆとりもあなたがたの欠乏を補うことになり、こうして釣り合いがとれるのです。
「多く集めた者も、余ることはなく、
わずかしか集めなかった者も、
不足することはなかった」

と書いてあるとおりです。

（Ⅱコリント八・一四～一五）

## 献身としての献金

パンという食物、現在で言えばそれを買うお金、それもきわめて信仰的なものなのです。その食べ方、使い方に信仰が現れるのです。すべては神様が与えてくださったものです。それは「私有物」としてではなく「共有物」なのです。すべては神様のものであり、パンやお金で保たれている肉体の命も神様のものなのです。そのことを深く承認して、神様に無条件に身をささげる。それが、この祈りを真剣に祈る者たちが行き着く先なのではないでしょうか。だから、私たちは献金をささげる時に、「献身の徴として私たちの体とともにこの献金をささげます」と祈るのです。

## 命のパン

最後に、ヨハネ福音書に記されている主イエスの言葉を読みます。主イエスは、こうおっしゃいました。

「わたしは命のパンである。あなたたちの先祖は荒れ野でマンナを食べたが、死んでしまった。しかし、これは、天から降って来たパンであり、これを食べる者は死なない。わたしは、天から降って来た生きたパンである。このパンを食べるならば、その人は永遠に生きる。わたしが与えるパンとは、世を生かすためのわたしの肉のことである。」

（ヨハネ六・四八～五一）

人は、パンだけで生きるものではありません。パンで生きる命は死にます。私たちは、パンを食べつつ主イエスに献身して生きるのです。神様から与えられたすべてのものを、分かち合うために生きるのです。その信仰の人生は貴いものだし、空しいものではありません。キリスト者の死は、復活に向かってのものなのですから。その復活に向かう人生と死を私たちに与えるために、主イエスは命のパンとして天から降って来てくださったのです。私たちと同じ肉体をとってくださった。そして、その肉体を、あの十字架の上にささげてくださったのです。主イエスの献身の愛によって、私たちは生きるために必要な糧を与えられているのです。今日も新たに与えられているのです。そして、私たちは、肉体の命を養うパンとともに「生きたパン」を祈り求めるように命じられているのです。神様に求めれば、与えられるのです。与えられたものは分かち合うのです。そのようにして、私たちは神の御心を行い、そのようにして、この世に神の国をもたらしていくのです。そのために祈りつつ生きる神の民、それが私たちキリスト者でありキリスト教会です。なぜか選ばれて、そのような貴い使命を生きる民にしていただいた恵みを、主に感謝したいと思います。

聖なる御父

感謝をいたします。あなたは日々の糧を与えてくださり、またこうして命の糧として、あなたの御言葉を与えてくださいます。御言葉を通してあなたの御子は、生きたパンであることを知らされ、私どもはその御子の命をいただきながら、生かされている者であることを知らされました。ただパンを食べて空しく生き、塵に帰るしかない愚かな罪人である私たちをあなたは憐れんでくださって、あなたの御心を生きる者に造り替え、尊い者として生かしてくださっておりますことを、心から感謝いたします。私たちは、そのことのために何かをした訳ではなく、あなたがすべてのことをしてくださいました。しかし今、あなたからしていただいていることを深く心に覚え、この体を通してあなたの愛を現していくことができますように。与えられたものをすべて分かち合いながら、御国をもたらしていくことができますように。私どもの一週間の歩みをあなたが祝福し、守り、また励ましてください。そして、来る主の日に、この礼拝に集わしめてください。主イエス・キリストの御名によって祈ります。アーメン

（二〇一三年八月十一日）

〈主の祈り 10〉

# 必要な糧を今日与えてください

ルカによる福音書一一章三節
マタイによる福音書六章一一節

**終戦（？）**

先週、「わたしたちに必要な糧を与えてください」の「わたしたち」が何を意味するのかに関しては次週に回すと言いました。

先週半ばの八月十五日は、六十八回目の終戦記念日でした。今年は、様々な意味でこれまでとは違う記念日だったと思います。総理大臣の口から、アジア諸国への侵略に対する謝罪や反省、また不戦の誓いも語られなかったのですから。それは、「いつか戦争をするぞ」という隠れた意志の表明なのかもしれません。

終戦記念日は日本にとっては敗戦記念日ですが、近隣諸国にとっては日本に対する戦勝記念日であり、植民地支配から解放されたことを祝う解放記念日（光復記念日）です。そして、未だにそれぞれの国の国民感情の中には、被害者意識と加害者意識が複雑に絡まっています。いわゆる「歴史認識」は対立し、近年お互いの相違はむしろ広がっていますから、和解に至る道はますます険しいものになっていると言わざるを得ません。

戦勝国であるアメリカと日本の関係も微妙なままです。今も島全体が米軍基地であるかのような沖縄の人々にとって、この六十八年間は「戦後の平和な時代」とは言えないでしょう。

## 国内の空腹

来週、会報の八月号が発行されます。毎年、八月号の会報には「わたしの八月十五日」というテーマの原稿を寄せていただいています。今年も二人の方が書いてくださいました。その原稿を読んで、空襲の恐ろしさと同時に空腹のひもじさを感じさせられました。また、人災の最悪なものである戦争においては、人間だけが死ぬのではなく飼い犬や猫、また家畜も死ぬことを改めて知らされました。

福島第一原発事故の被災地域には、鎖につながれたまま飢え死にした犬が何頭もいます。牛たちは牛舎の中でやせ細って死に、その死体からは無数の蛆がわいていました。被災地の動物たちを記録した映画でその姿を見たのですが、本当に胸が痛みます。パウロがローマへの信徒の手紙の中で言っているように（八・一九）、動物たちは神の子の出現を待ち望みつつ呻いていることを感じます。

## 戦地の空腹

どういう立場で戦争を体験するかで、戦争に対する人の思いは異なります。戦闘の第一線で壮絶な体験をさせられた人の多くは、その体験を語りたがらないものです。特に捕虜になった体験や住民の殺害、婦女暴行をしたことなどは語りたがりません。それは当然のことです。

しかし、自責の念に耐えきれず、数十年を経てから戦場の体験を語り出そうとする人がいます。死ぬ前に語っておきたいと思われるのです。でも、ご家族の方がそれを止めるケースがよくあることを、先日の新聞記事で知りました。

元兵士から戦場体験を聞いていると、娘さんが隣の部屋から出て来て「もう止めてちょうだい。何話すか分からないじゃないのよ」と言うのでインタビューができなくなる。そういうことがよくあるそうです。それも無理のない話だと思います。誰だって、自分の親とか祖父が民間人を殺したとか強姦したなんて話は聞きたくはありません。その人たちだって、好きでやったことではないのですから。しかし、良心から出てくる告白を許さないということは、恐るべきことだと思います。

十五日の朝刊には「罪語り　誓う不戦」と大きな見出しの下に、ルソン島での体験を語った元兵士の記事が出ていました。その方は昨年九十二歳で亡くなりましたが、七年前に女性のルポライターに向かってご自身の体験を隠さずに語ったのです。その記事の一部を読みます。


「ルソン島のある村で、ゲリラ潜伏を調べていた時。教会から出て来た老女が怪しいと、上官が銃剣で突くよう命じた。

『しょうがない。グスッと胸を突いたら血がバーっと出てね。空をつかんでその人は倒れました』。

別の村では、残っていた子連れの女性を襲った。

『強盗、強姦、殺人、放火。軍命であっても、私は実行犯。罪の意識はある。かといって、（戦友の）慰霊には何回も行ったが、謝罪の術を知りません』。

こんな恐ろしい告白もあった。

敗走を続け、飢えに苦しんだ山中で、日本人の逃亡兵を仲間の兵が殺した。その晩、仲間の飯ごうから、久しぶりに肉の臭いがした。『奪い合うように食べました』。次の日には自ら死体の所へ行き、足の肉をはぎ取った」(「朝日新聞」二〇一三年八月十五日)。

**英霊?**

こういう心の傷を抱えながら、生涯を生きざるを得なかった人がいる。逆らいようもない命令によって現地の人々にしてしまった蛮行、凶行を心底から悔いながら謝罪の術を知らず、罪を犯した苦しみを抱えつつ死んでいった人がいるのです。一人や二人ではありません。

戦場で仲間を殺し、その肉を食べた人もその後に力尽きて死んだかもしれません。人間の姿を取り戻したいと願って逃亡したかもしれない兵士は、戦場では裁判にかけないで殺してもよい存在なのでしょう。しかし、逃亡兵を殺した兵士も正義感から殺した訳ではなく、肉を食べたかったから殺したのだと思います。凄まじい空腹と死ぬか生きるかの極限状況の中では、人はそういう存在にもなるのだと思います。

しかし、殺された人も殺した人も、天皇の軍隊(皇軍)の兵士であり、戦場で死んだのだからということで、ある神社では「英霊」として祀り顕彰しています。その神社には、負けると分かっていても狂信的に戦争を遂行し、多くの人々を悲惨な死に追いやったことに責任があるはずのお偉方たちも「英霊」として祀られています。そして、毎日大勢の人々が参拝し、政治家たちの多くもお参りしています。その意図は戦争を美化し、新たな戦争に備えることだと、私は思います。

国の為政者たちは、強制的に戦場に連れて行かれて人を殺し、人から殺されなければならなかった人々に対して「申し訳ないことをしました」と謝罪し続けるべきなのではないか、と私は思います。また、現代に生きる私たち国民の一人ひとりは、毎年新たに不戦の誓いをしなければならないと思います。しかし、今の日本ではそういう考えはあまりに自虐的なものとして笑われることであり、次第に非国民として攻撃される考え方になりつつあるように感じます。昨日の新聞によると、広島の原爆の悲惨さを描いた『はだしのゲン』という漫画は、松江市の小中学校では自由に読むことができなくなりました。「ありもしない日本軍の蛮行が描かれており、子どもたちに間違った歴史認識を植え付ける」というのが、その理由だそうです。

自らの蛮行の数々を人生をかけて告白している人がいる一方で、戦場に行ったこともない人々が、いわゆる「愛国心」から読んではならない禁書を作っていく。これは戦前にもあったことではないでしょうか。

過去の過ちを認めず、そこから何も学ばない民は、前よりさらに悪くなります。聖書には、「犬は、自分の吐いた物のところへ戻って来る」「豚は、体を洗って、また、泥の中を転げ回る」（Ⅱペトロ二・二二）とあります。私たちは人間であり、犬や豚であってはならないのではないでしょうか。

## 時代の中で聖書を読む

時代は刻一刻と変化しています。和解と共存という良い方向に変化していくのなら嬉しいことです。しかし、最近は対外的にも対内的にも敵対関係が深まっています。国内では国家主義的色彩が強まっており、個人の尊厳とか自由を重んじることは悪であるかのような風潮が強まっています。そして、在日韓国、朝鮮人に対する剥き出しの憎しみを口にする集団とその集団に暴力的に対抗する集団が、新宿や大久保でぶつかり合ったりしています。非常に物騒で不穏な空気が漂っているのです。公教育の現場では、教員たちが自由にものを言えない状況が深刻化しています。歴史の教科書は、日本の天皇制を神話と結びつけて正当化し、「戦争を美化するものを採用するように」と要求する圧力団体があり、その圧力に屈する校長が多いとも聞いたことがあります。

そういう時代の中で、私たちは聖書を読んでいます。聖書を読むとは、この世の悲惨な現実から聖なる世界、平安な世界に逃げ込むことではありません。そもそもそんな世界は、聖書の中にはありません。私たちが聖書を読むとは、悲惨な現実の中で神様は何をなさっているのか、そして、私たちはそれぞれに何をなすべきなのかを知るためだと思います。

私たちキリスト者は、誰でもキリストの体なる教会に属しています。目は目として、手は手として、それぞれの役割、異なる働きがあるはずです。そして、キリストの体には固有の使命がある。自分に与えられた役割、働き、使命は何なのかを知る。それは非常に大切なことです。そのことができなければ、私たちは自分が何をしているか分からぬままに、愚かな宣伝に踊らされて蛮行と凶行を繰り返す他にないからです。そして、神様は今も生きて働いておられることを知らなければ、私たちの心は萎えていくしかなく、「世の光、地の塩」としての使命を生きる力が与えられません。私たちは自家発電で生きているのではなく、神様から与えられるエネルギーで生きているのです。

## 空腹による狂気

聖書の中でも、哀歌に記されている記事は悲惨を極めます。そこには、バビロン軍の兵糧攻めにあったエルサレムの住民たちの姿が描かれています。

**「剣に貫かれて死んだ者は**

**飢えに貫かれた者より幸いだ。**
**（中略）**
**憐れみ深い女の手が自分の子供を煮炊きした。**
**わたしの民の娘が打ち砕かれた日**
**それを自分の食料としたのだ。」**
（哀四・九～一〇）

こういう現実を目の当たりにして、彼は主にこう訴えるのです。

**「主よ、目を留めてよく見てください。**
**これほど懲らしめられた者がありましょうか。**
**女がその胎の実を**
**育てた子を食い物にしているのです。」**
（哀二・二〇）

戦争は、旱魃による飢饉にも増して、人々に飢えをもたらすものです。一昨日のニュース番組では、満州国の開拓に夢を膨らませた人々の悲惨な体験が報道されていました。「満蒙開拓団」は徴兵のような強制力を伴ったものではありませんでしたが、貧しい人々に国家が偽りの夢や希望を与えて移住させたものです。国家が騙したも同然なのです。当然のことながら、夢は悪夢となりました。開拓民を守るべき関東軍はソ連軍が侵攻して来た時には既におらず、人々は八月十五日の終戦も知らず、侵攻してきたソ連軍や、開拓団によって土地を奪われた中国人の襲撃を恐れて、満州の大地を逃げ惑っているだけだったそうです。

ある日、ソ連軍の兵士が近くにいるかもしれない川に着いた時、幼い子どもたちが「お腹が減った」

と言って泣いたそうです。与える食べ物はないし、泣き声がソ連兵に聞かれたら襲われてしまう。その時、一人の母親が、自分の小さな子どもを手を合わせつつ川に流した。それを見た他の母親たちも、泣きながら手を合わせて次々と我が子を川に流したというのです。命からがら故郷の長野県に帰って来た女性は、その情景を忘れることはなく、今も深い悲しみを抱えて生きておられます。そして、「だから私は戦争が憎いです」とおっしゃいました。

こういう子どもたちをこそ忘れてはいけないのだし、国が慰霊をするならこういう子どもたちの慰霊をすべきだし、謝罪し続けるべきだと、私は思います。「本当に申し訳ないことをしました。二度と戦争はしません」と。

戦争はいかなる意味でも美化できないことを、川に流されていく幼子たちの姿が痛切に教えてくれるのではないでしょうか。私たちは「死人に口なし」と言いますが、神様は、カインに殺されて土の中に埋められたアベルの血の声を聞き、カインに「お前の弟アベルは、どこにいるのか」と問い、「知りません」ととぼけるカインに向かって「〈お前は〉何ということをしたのか」（創世四・九～一〇）と詰問するお方なのです。私たちは、その神様の前で生きているのです。この国の中で、せめて私たちキリスト者はその現実を覚えておかねばならないと思います。

**神様のせいにしてはならない**

世界には様々な理由による飢餓があります。その飢餓が、今まで言ってきたような悲惨な出来事を生み出すのです。

かつてある新聞記者が、インドの路上で飢え死にする人々の介護を続けるマザーテレサにこう尋ねました。

「もし神がいるのなら、なぜこのような悲惨を放置しておくのでしょうか」。

その時、彼女はこう答えました。

「神様は世界中の人々が食べるのに十分な食物を与えてくださっています。でも、その食物が平等に分配されていないのです。それが飢餓問題の本質です。飢餓の問題を神様のせいにしてはなりません」。

これは本当のことだと思います。世界の四分の三の食料を四分の一の人々が独占しているという統計を見たことがあります。その四分の一の経済大国は軍事大国でもあります。軍事力と食物の量は比例するのです。力のある者があり余るほど食料を備蓄しているのです。

イエス様が「主の祈り」を教えてくださった時代も、事情は全く同じです。

## パンと言葉

「箴言」の中に、こういう言葉があります。

二つのことをあなたに願います。
（中略）
むなしいもの、偽りの言葉を
わたしから遠ざけてください。
貧しくもせず、金持ちにもせず
わたしのために定められたパンで
わたしを養ってください。
飽き足りれば、裏切り

**主など何者か、と言うおそれがあります。**
**貧しければ、盗みを働き**
**わたしの神の御名を汚しかねません。**

（箴三〇・七～九抜粋）

箴言の著者が言う「偽りの言葉」とは、「富や権力こそが人生を幸せにするものだ」という類の言葉でしょう。私たちは毎日そういう言葉を聞きながら生きています。その誘惑の言葉に聞き従って富を求め始め、下手に成功すると「飽き足り」て「主など何者か、と言うおそれがある」。それは確かなことです。富に心を奪われて、信仰を失ってしまうことがあるからです。だから、そういう「偽りの言葉」に取り囲まれて生きるのではなく、真実の言葉を聞きつつ生きていきたい。彼はそう願っているのです。神様が語る真実な言葉こそ、自分を生かすものだからです。

**定められたパン**

次に彼は「わたしのために定められたパンでわたしを養ってください」と言います。「定められたパン」とは「引き裂かれたパン」が直訳です。手でちぎられたパン切れのことです。だから、ここにはパン切れを分け合う仲間がいるのだと思うのです。「わたし」だけではなく「わたしたち」がいる。そのことが暗黙の内に了解されていると思います。

貧しくとも、神様から与えられるパンを裂いて分け合う仲間がいれば、「盗みを働き、わたしの神の御名を汚す」ことはしないで済む。そういうことが言われているのではないか、と思います。問題は、腹が一杯になるパンが与えられるかどうかではなく、裂かれたパン切れを共に食べる仲間がいるかどうかなのです。その仲間、家族、兄弟姉妹がいないのであれば、一枚のパンを独りで食べてもそれは空しい。寂しい、悲しい。暗に言われていることは、そういうことでしょう。

## 人が独りでいるのは良くない

私たちは、明日の分も明後日の分も蓄えておかなければ不安を感じます。だから日毎に集めることになっているマナを余分に集めようとしたり、安息日にも集めようとするのです（出エジプト一六章）。明日も明後日も「わたし」は飢えたくないと思うから、「わたし」の食べる分は自分の手で確保しようとする。その時、私たちは父の愛を信じておらず、仲間を必要としていないのです。明日の分も明後日の分も、「自分が食べるために集める」とは、そういうことです。

先日、大阪の真ん中で若い母親と小さな子どもが、アパートの一室で誰にも知られずに飢え死にしていました。その母親は、親戚や友人との交わりを失い、ひっそりと隠れて生きざるを得ない何らかの事情があったのでしょう。母親は、「食べさせてあげられなくてごめんね」というメモを遺していたそうです。

神様からいただくパンを、共に分け合う仲間を失う。皆が「わたし」のための食料を確保しようとする。それも明日の分までも。それは結局こういうことに行き着きます。神様の愛の戒めを無視して、その口から出る一つひとつの言葉とともにパンをいただかないと、人は弱肉強食の世界の中で孤独になっていくのです。しかし、神様は「人が独りでいるのは良くない」（創世二・一八）とおっしゃったのではないでしょうか。そして、共に生きる人間（仲間）を造ってくださったのではないでしょうか。

## 自分のものではなく

カッパドキアのバシレイオスと呼ばれる人がいます。四世紀の人ですが、バシレイオスはこういう説教を残しているそうです。

「あなたの家で食べられることのないパン、それは飢えている人たちのものです。あなたのベッドの下で白カビが生えている靴、それは履物を持たない人たちのものです。物入れの中にしまいこまれた衣服、それは裸でいる人たちのものです。金庫の中で錆びついている金銭、それは貧しい人たちのものです」。

パンは自らの力で獲得するものではなく、神様から与えられるものです。そして、パンは「わたし」に与えられたものだけれど、「わたしにだけ」与えられたものではありません。それは仲間と分けて食べるために、パン切れにして食べるものなのです。私たち一人ひとりが求めるべきパンは、一枚のパンではなく、「定められたパン」、裂かれたパン切れです。パンを求めるとは、共に食べる仲間、家族、友、兄弟姉妹を求めるということなのです。「わたしたちに必要な糧を今日与えてください」には、そういう願いが込められている。

イエス様は、「あなたがたは独りではなく、仲間と共に生きなさい。神様が与えてくださるパンを分け合って食べなさい。そこにあなたがたの命があるのだ」とおっしゃっていると思います。

## 父の愛　敵を愛し仲間にする愛

その「仲間」とは、私たちが「敵」と思っている人々のことを含みます。神様は、私たちが神様の敵であった時に私たちを愛し、私たちの上に太陽を昇らせ雨を降らせ食物を与えてくださっていたのです。そして、ご自身の独り子をあの十字架に磔にして裁き、私たちの罪を赦してくださったのです。この神様の圧倒的な愛、信じ難き愛を受け入れるのであれば、私たちの前には憎むべき敵はいません。愛すべき敵しかいないのです。そして、私たちに与えられている愛がイエス・キリストの愛であるならば、いつかその愛すべき敵は食卓を共に囲む友となるでしょう。そこに神の御業が現れるのです。そこに私たちの希望があります。

主イエスは「わたしたちに必要な糧を今日与えてください」と祈るようにお命じくださる前に「敵を愛し、自分を迫害する者のために祈りなさい」（マタイ五・四四）と命じられていることを、私たちは忘れてはならないと思います。

**御言　聖餐**

主イエスが私たちに残してくださった最大の恵みは、礼拝で与えられる御言葉と聖餐です。御言葉は命のパンです。毎日食べなければ信仰の命は弱まります。

主にある仲間と囲む聖餐は命の食卓です。日々の食事と聖餐の糧は同一のものではありません。教会の愛餐会と聖餐も同一のものではありません。聖餐は、契約共同体の食事です。主イエス・キリストに対する信仰を告白する仲間と共に、主イエス・キリストが裂いて渡してくださるパン切れをいただく時に、私たちは信仰と希望と愛を新たにされ、約束の御国を目指して生きる神の民としての力を与えられるのです。そのことが、日毎の糧をいただくことにも繋がるのです。「礼拝は礼拝、生活は生活」と分離してはなりません。私たちは往々にしてそういうことをしていますが、それは聖書が伝える信仰生活、礼拝生活ではありません。

## 食前の祈り　聖餐の祈り

ヴァルター・リュティというスイスの牧師の説教を読んでいましたら、スイスの田舎の農民たちが食前に祈る言葉が紹介されていました。それは、こういうものです。

「主よ、私たちはこの聖なる食べ物と飲み物のために、この聖なる賜物と恵みと憐れみのために、あなたに賛美と感謝をささげます。主よ、あなたはまことの神として生き、支配しておられます。永遠にあなたが褒め称えられますように、アーメン」

リュティによると、これは古い時代の聖餐式の式文に記されている祈りだそうです。農民たちは、そんなことは知りません。敬虔な信仰を生きる人々は、教会の礼拝で聖餐の恵みに与りつつ日々の生活をします。そういう信仰生活の中で、日毎の食事の中にも「聖なる賜物と恵み」を発見するようになったのでしょう。そして、神様の御名を賛美し、神様の支配を確認したのです。戦争に次ぐ戦争の舞台であり、多くの人の血が流れたヨーロッパの中にも神の国が到来し、その御心が行われていることを確認し、賛美したのです。そのようにして「まことの神として生き、支配しておられる」主イエス・キリストを証しつつ生きたのです。神様から与えられるパンを食べつつ生きるとは、こういうことです。

私たちは「わたしたちに必要な糧を今日も与えてください」と毎日祈ります。「わたし」ではなく「わたしたち」。一回祈るだけでなく、日々新たに。その祈りは、世界中の人々にパンが行き渡るように願う祈りであり、世界中の人々に主イエスの裂かれるパンが行き渡るように願う祈りです。その祈りが私たちの生活を変え、そして世界を変えていくのです。そのようにして、御国はもたらされていくのです。

聖なる父なる御神

御言葉を感謝をいたします。あなたの御言葉のみが私どもが誰であるかを、また、あなたがどなたであるかを、私たちがどのように生きるべきかを、そしてその生きる力を与えてくださいます。あなたが聖霊とともに与えてくださる御言葉は、私たちの命の糧です。あなたの御光《みひかり》に照らされて私たちの罪を知り、その闇の中に輝くあなたの光を知ります。御神様どうぞこれからも私たちを憐れんでください。見捨てないでください。一週ごとにあなたの御言葉を兄弟姉妹と共に聴かせてください。兄弟姉妹と共にあなたの御顔を拝することを許してください。それができなくなった時も、あなたの聖霊の注ぎの中におき、ところ離れていても、この会堂に来ることができなくても、あなたに与えられた賜物があり、あなたに与えられた使命があることを深く覚えることができますように。キリストの体なる教会に連なっている喜びを感謝し賛美することができますように。生きている限り、あなたの御国を目指して、はるかに望み見て喜びをもって生きることができますように。そのようにして今生きて働きたもう真の神であるあなたを証しすることができますように。どうぞ私たちを憐れんでください。主イエス・キリストの御名によって祈ります。アーメン

（二〇一三年八月十八日）

# 罪の赦し

〈主の祈り 11〉

ルカによる福音書一一章四節
マタイによる福音書六章一二節

## どっちが先か？

主の祈りの御言葉を御一緒に読んできて十一回目となりました。一つひとつの祈りが私には重くのしかかり、鋭く突き刺さってくるものです。なかでも、今日の「罪の赦し」に関する祈りはその最たるものです。皆さまにとっても、同様なのではないでしょうか。

私たちが毎週礼拝の中で唱和する「主の祈り」は、こういう言葉です。

**「我らに罪を犯す者を我らが赦すごとく、我らの罪をも赦し給え。」**

この祈りは、すらすらと祈れるものではありません。誰でも口ごもることがあると思います。この祈りの言葉については、いくつかの翻訳があります。

たとえばこういうものです。

**「我々の負債を赦し給え、我々もまた、我々に負債のある者を赦しましたように。」**

原文では、私たちの罪の赦しを求める祈りの方が先に記されているのです。しかし、この翻訳では、誰かから犯された罪を赦すことが、神様によって赦されることの条件とか前提になります。私たちが唱和している祈りも、そういうニュアンスがにじんでいると言って良いと思います。

しかし、聖公会やカトリック教会の主の祈りはこういう言葉です。

**「わたしたちの罪をおゆるしください。**
**わたしたちも人を赦します。」**

随分印象が異なると思います。この訳だと、私たちの罪が赦されることが、私たちが人の罪を赦すことの前提になっています。英語では、前半と後半を繋ぐ言葉としてforが使われます。しかしそれは「〜のために」と目的を表すこともあれば、「〜によって」という原因を表すこともある言葉です。「人を赦すことができるように赦してください」とも「人を赦しましたから赦してください」ともとれるのです。だから分かりにくい。でも、簡単に二者択一できないところにこそ真理があると言うべきかもしれません。

**負い目——罪**

ルカでは「罪を赦してください」の後に「負い目のある人を皆赦しますから」と続いていますが、マタイでは両方とも「負い目のある人」となっています。「負い目」と聞くと心理的な負い目を感じますけれど、元々は経済的な意味で借金がある人のことです。

この世の対人関係において、返済すべきものを返済しなければ裁かれます。神様との関係においては、命を自分のものであるかのように振る舞うことは、託されているものを自分のものであるかのように錯覚して浪費していることであり、神様の愛と信頼を裏切る行為です。その行為が神様の心をどれほど痛めつけているかを、私たちは全く意識していません。人の足を踏みつけている人間が、踏みつけていることすら分かっていないのと同じです。そのようにして、人は神様に対する「負い目」、借金を日々増やしている。ルカは、そういう愚かにしてふてぶてしい行為を「罪」と言い換えているのだと思います。

神様と人間の間にある負い目、罪は人間同士の間にもあります。私たちは誰でも人の愛と信頼を裏切り、人の心を深く傷つけ、人から傷つけられることがあります。その裏切りが最も深く愛し合うべき関係の中で起こる時、傷はもの凄く深いものとなります。親子、夫婦、兄弟、恋人、親友などは深い愛と信頼関係の中で生きているはずのものです。そこで裏切りがあった時、裏切られた方の傷は癒えることのない傷として残ります。心からの謝罪がない場合はなおさらのことです。特に、親は子を深く傷つけていても少しも気づかないことがしばしばあります。多少気づいていても、自分の子に謝罪することはない。自分では愛していると思っているから。そういうこともある。そうなりますと、子どもの傷はどんどん深まっていきます。

いったん深く付いた傷は、時が経っても薄いかさぶたが覆っているだけですから、何かの拍子に血が噴き出してきます。そういう時には、復讐心を行動に移すことを抑えるだけで精一杯になる。しかし、人はそのことでより深く傷ついていきます。また、復讐したとしても、それは悪に対して悪で返すことですから、自分をさらに傷つけていく結果になります。復讐することで傷が癒える訳ではないのです。人間関係の中でついた傷は、他の誰かから慰められたとしても癒えるものではありません。傷つけた当人との間で和解、つまり、赦し合いが生じない限り決して癒えるものではないのです。

**赦せない悲しみ——赦されない悲しみ**

自分を傷つけた人を赦せない苦しみや悲しみと、傷つけた相手から赦されない苦しみや悲しみが、私たちの人生に大きな影響を与えていることは間違いありません。傷が癒されない関係が続くことは、いつか返さなければならない借金が増え続けることを意味します。だから時が経てば経つほど荷が重くなり、心を塞いでいくことになります。だから、借金は早く返さなければなりません。罪は赦されなければならないし、赦さなければならないのです。

**天の父の子とされた者として**

そこで、初めの問題に戻ります。赦されることが先にあり赦すことがそれに続くのか、それとも赦すことが赦されることの条件なのかです。

マタイ福音書では、主の祈りを教えた直後に主イエスはこうおっしゃっています。

**「もし人の過ちを赦すなら、あなたがたの天の父もあなたがたの過ちをお赦しになる。しかし、もし人を赦さないなら、あなたがたの父もあなたがたの過ちをお赦しにならない。」**（マタイ六・一四〜一五）

この言葉は、赦すことが赦されることの前提であると言っていることは明らかでしょう。しかし、ここで「あなたがた」と呼ばれているのは誰かを考えるべきだと思います。すべての人間のことでしょうか。私は違うと思います。

マタイ福音書において、主の祈りは五章三節から始まる「山上の説教」と呼ばれる長い説教の中の一部として出てきます。その説教の聴衆は、弟子たちなのです。その周りには群衆もいますが、いずれにしろイエス様の招きに応えて集まってきた者たちです。なかでも、弟子たちは、それまでの生活を捨ててイエス様に従ってきた者たちなのです。だから、彼らは神様のことを「天におられるわたしたちの父よ」と呼ぶことが許されているのです。私たちキリスト者も同じです。そのことの故に、主イエスから「あなたがたは地の塩である」「世の光である」（マタイ五・一三、一四）と言われる者たちであり、さらに「敵を愛し、自分を迫害する者のために祈りなさい。あなたがたの天の父の子となるためである」（同五・四四）と言われているのです。つまり、既に信仰によって罪を赦されている者たちなのです。ここに出てくる「あなたがた」とは、そういう人々のことです。

**聖霊を求める祈り**

ルカ福音書においても、その事情は同じです。この祈りは、主イエスが弟子の求めに応じて教えた祈りです。その祈りの前にあったのは、善きサマリア人の譬話です。そこでは普段は敵対している者であっても、愛することを通して隣人となるべきことが勧められていました。

そして、主の祈りの後に続く話は執拗に求めれば与えられるという譬話で、その結末はこういう言葉です。

「このように、あなたがたは悪い者でありながらも、自分の子供には良い物を与えることを知っている。まして天の父は求める者に聖霊を与えてくださる。」（ルカ一一・一三）

聖霊こそ祈り求めるべきものであるということです。聖霊なくして、祈り続けることも祈りに促された赦しに生きることも不可能だからです。

## ごとく？

先に進むために、もう一つ確認しておかねばならないことがあります。私たちは毎週、「我らに罪を犯す者を我らが赦すごとく、我らの罪をも赦したまえ」と祈っています。でも、この「ごとく」は誤解を招く言葉だと思います。これだと、神様の赦しは私たちの赦しのごときもの、つまり同じようなものであるという印象を与えます。しかし、そんなことがあるはずもありません。赦しの深さとか大きさの意味で「ごとく」を理解することは間違いだと思います。その点では、私たちの赦しと神様の赦しは比較にならないのですから。「赦す」という姿勢、あるいは方向性において同じである。そのことを「ごとく」は言わんとしていると解釈したいと思います。その上で、次の段階に進みます。

## 赦された者であるが故に

ある人がこう言っていました。

「私たちは赦された者として、そして、赦していない者として祈ります。」

確かにそうだな、と思います。信仰を告白してキリスト者になった私たちが直面する問題は、まさにこのことだからです。キリスト者とは、イエス・キリストの弟子のことです。それは、イエス・キリストの愛、十字架の愛によって罪を赦されたことを信じている者のことです。その神の愛と赦しを信じるところに深い喜びがある。それは知っています。しかし、その喜びを与えられた途端に「敵を愛し、自分を迫害する者のために祈りなさい」という主イエスの言葉に、胸が抉られるような痛みを感じるのです。赦された喜びが、赦す喜びに直結しないのです。これは本当に惨めなことです。赦されたのに赦さないということは、キリスト者になったことによって生じる罪だし、キリスト者になったからこそ自覚する罪です。私たちは、赦されていることを知っており、赦されていることを感謝しているからこそ、神様が赦してくださったように赦せないことが悲しいし、苦しいのです。

## 苦しいからこそ祈る

でも、だからこそ祈るのだと思います。「日毎の糧を毎日与えてください」と祈るように「罪の赦し」を祈る。日毎の糧であるパンが生きる上でどうしても必要なものであるように、赦されること、そして赦すことも私たちが幸福に生きる上でどうしても必要なのです。だから、今日一日を生きるためのパンを父に求めるように、今日も赦されること赦すことを祈り求めるのです。天の父の子として。父は、そのことを求めて欲しいと願っておられる。そして、求める者には喜んで与えようとしてくださっているのです。

もし、パンも赦しも父から求めることなく、自分の力でなんとでもすると思っているのであれば、私たちは天の父の子としてではなく、この世の子として生きることになります。かつて脱出した世界に帰っていくのです。豚が体を洗った後に泥の中を転げ回るようにです。これまでに何度もそういう経験をしてきましたし、残念ながらこれからもするでしょう。

主イエスは、私たちがそういう愚かな人間であることをよくご存じです。だから、「祈りなさい。求めなさい」とお命じくださるのです。それは、私たちに重荷を負わせる言葉のようでありつつ、私たちを泥沼から解放する言葉なのです。

**父に自分を明け渡す**

主の祈りを祈る。その時、私たちは神様に赦しを乞わねばならぬ罪人であることを知ります。その罪は人間なら誰もが抱えている罪であると同時に、キリスト者であるが故に抱え持つことになった罪でもあるでしょう。しかし、それがどういうものであれ、主の祈りを真実に祈るとは、罪人の自分を神様の前にさらけ出すことを意味します。「父なる神様、私の罪をお赦しください」と祈るとは、人前では見せることのできない惨めな姿を見せることです。正しく自分を見つめることでもある。本当の自分を取り戻す時である、と言ってもよいでしょう。

それは、父の愛を信じている自分を発見することでもあります。父を愛している子である自分を発見することです。父を愛し信頼しているから祈るのです。愛し信頼しているから、惨めな自分をさらけ出すことができるのです。イエス様は「わたしの十字架の死と復活を通してあなたの父となってくださった神の愛を信じて、裸の自分を明け渡しなさい。そうすれば、あなたは罪が赦されていることを知り、あなたの中に喜びが溢れて来て、あなたもまた赦しに生きることができるようになる」。そうおっしゃっているように思います。

## 風　聖霊　息

ある人は、自分に過ちを犯した相手を赦す時、それまで自分を支配していた悪しきものの束縛を断ち切ることができ、「新しい風を呼吸することができる」と言っていました。その言葉を読んだ時、私の心の中にも風が吹いたような気がしました。爽やかな風が心の中に入り込んで来て、心の中に淀んでいたものがスーっと消えていくような感じがしたのです。

イエス様は「風は思いのままに吹く。あなたはその音を聞いても、それがどこから来て、どこへ行くかを知らない。霊から生まれた者も皆そのとおりである」（ヨハネ三・八）とおっしゃいました。風も霊も息も、ギリシャ語では同じプニュウマという言葉です。神様の霊、聖霊は思いのままに吹く。いつどこからやって来るか分からない。神様は自由なのです。私たちが呼べば、いつでもすぐに出て来てくださるわけではありません。しかし、神様は聖霊を、求める者に与えたいと願っておられます。その聖霊を心に受け入れる時、新しい命が私たちの中に生まれます。神の息で呼吸をする命が誕生するのです。それは、信じる私たちの中にイエス様が生きてくださるということです。

パウロは、ガラテヤの信徒への手紙の中でこう言っています。

**「生きているのは、もはやわたしではありません。キリストがわたしの内に生きておられるのです。わたしが今、肉において生きているのは、わたしを愛し、わたしのために身を献げられた神の子に対する信仰によるものです。」**

（ガラテヤ二・二〇）

「キリストがわたしの内に生きておられる」とは、霊的な現実です。キリストが私の内で赦しの愛を生きておられる。私を赦してくださっている。私の中に赦しの愛を与えてくださる。そういう瞬間がある。それは確かなことです。しかし、それは瞬間であって、永続することではありません。今日のパンは、今日生きるために与えられるのであって明日のために取っておくことができるものではありません。明日は明日、また今日の糧をくださいと祈り求めるべきものです。

それと同じように、私たちの罪の赦しを求める祈りも、私たちが人の罪を赦す愛を求める祈りも、毎日のものでなければならないのです。そうでなければ、私たちは霊的な飢餓に陥り、怒りや恨みや復讐心や諦めに呑み込まれてしまうのです。せいぜいできることは、すべてを忘れるために気晴らしをすることです。仕事に熱中したり、趣味に興じたり、酒を飲んだりしながら、心の中にあることを忘れようとする。そういうことも必要でしょう。しかし、そういうことを何年やっても根本的な解決にはなりません。

主イエスは、主の祈りを教えつつ、私たちに息を吹きかけ、私たちの中に入り、新しく生かそうとしてくださっているのです。その主イエスを信じる。信仰をもって迎え入れる。毎日肉の糧を求めるように、主イエス・キリストを通して与えられる赦しの愛を求める。執拗に求める。そういう者に、神様は必ず聖霊を与えてくださり、その聖霊が私たちに赦しの愛を生きるようにしてくださるのです。

### 贈り物としての愛と赦し

愛と赦しに生きることは、私たちの業でも、私たちの性質でも、私たちの力でもありません。いつも新たに父から与えられる愛の贈り物です。この贈り物をいただくことで、私たちは「天におられる父の子」として生きることができるのです。

しかし、「天におられる父の子」として生きることは、この世の中では苦難の道を歩むことになります。どうしてもそうなるのです。

**この世の現実**

昨日は、シリアの反政府軍の兵士が政府軍の兵士を公開処刑する模様が報道されていました。世界各地の紛争地域や戦場で、同じような恐るべきことが起こっています。

恨みや憎しみに支配される時、人は神の子としての姿を失い、恐るべき存在になるのです。もし、その処刑の現場にいる兵士の誰かが、「こんな処刑は止めよう。彼らも私たちと同じ神を信じている兄弟ではないか」と言ったとしても、それは何の意味もないし、自分の命が危うくなるだけのことでしょう。

かつての日本軍は、中国で「新兵教育」とか「度胸試し」だとか言って、柱に縛り付けた捕虜や民間人を銃剣で刺し殺したという証言がいくつもあります。私もそのことを自慢気に話すご老人の話を聞いたことがあります。そういう時に新兵の誰かが、「わたしにはこの人を殺す理由はありません」と言おうものなら、どれだけ酷い目にあわされるか分かりません。人殺しが肯定され、殺せば殺すほど褒められるという異常な世界の中では、人として真っ当な感覚こそが異常な感覚なのです。まして、「敵を愛し、自分を迫害する者のために祈りなさい」なんてことを言うイエス様は、正気を失っていると思われて当然です。そのイエス様に真剣に従おうとする人間もまた、同様に見られます。

愛と赦しに生きることは、敵意と憎しみが肯定される世界の中では異常なことであり、時に命がけのことです。自分に罪を犯した者を赦すことができるようにという祈りは、常軌を逸した祈りなのです。

## 『ゆるしへの道』

今から二十年前の一九九四年、アフリカのルワンダで突然大虐殺が起こりました。多数派のフツ族が少数派のツチ族の人々を「ゴキブリ」と呼んで、「一斉に駆除」しようとしたのです。今は歴史的背景については触れませんが、わずか三カ月ほどの間に、五十万人から百万人の人々が殺されたと言われます。フツ族の人々の中には、ツチ族に対する虐殺に反対した人々もいました。しかし、その人々は憎しみに満たされた同族によって裏切り者と見做され、道端で次々と大なたで体を切り刻まれていったそうです。

そういう大虐殺の中で、フツ族の牧師宅のトイレに匿われて九死に一生を得たツチ族の女性が書いた本があります。『ゆるしへの道――ルワンダ虐殺から射してくる、ひとすじの光』（イマキュレー・イリバギザ著、女子パウロ会、二〇一三年）です。お手元に引用のコピーを用意しておきました。

イマキュレーさんら八人の女性たちは、三カ月間、声を一切発することなくトイレの中に隠れ続けました。五十キロ以上あった体重は、三カ月後には三十キロにまで減っていたそうです。外では愛する両親をはじめとする家族が惨殺されており、母や兄を惨殺したのはそれまで親しく付き合っていたフツ族の友人だったそうです。彼女は、トイレの中に隠れた瞬間の時からのことをこう書いています。

「トイレに身を潜めた瞬間から、父が別れる際にくれた赤と白のロザリオにすがっていました。このロザリオがわたしを神へと結びつける命綱になりました。しばしばロザリオの祈りを唱え、レイプと殺戮から免れるよう懇願しました。でも、わたしの祈りは力に欠けていました。というのも殺人者たちを憎んでいたからです。祈れば祈るほど、気づかざるを得ませんでした。神から本当に祝福を得たければ、神の愛を受け入れられるように、心を整えておかなければなりません。大変な怒りと憎しみを抱えている心に、神が来臨される余地があるでしょうか。

周りの人々を皆殺しにしていく殺人者たちをゆるせるようになることを願って、主の祈りを何百回も唱えました。でも、うまくいきませんでした。『わたしたちも人をゆるします』の箇所にくるたびに、口が渇きました。これらの言葉を真に受け入れられず、唱えられませんでした。ゆるせない苦しみは、家族から離れている心痛よりも大きく、また身を潜めていることによる身体的苦痛より堪えがたいものでした。

何週間にもわたってひたすら祈り続けていたある夜、神は来臨され、わたしの心に触れられました。わたしたちは皆、神の子どもであり、ゆるしに値するのだということをわたしに悟らせてくださいました。ルワンダを引き裂いた殺人者たちのように、残酷で邪悪なことを行った人々もゆるしに値するのです。悪さをした子どもたちのように、彼らは罰せられなければなりません。でも同時にゆるされなければならないのです。

その後、十字架にかけられたイエスを幻視しました。イエスは最後の息で、迫害する者をゆるされました。初めてわたしは、イエスのゆるしの力で満たされるために、心を完全に開くことができました。神の愛がわたしの内でほとばしり、そして言語を絶する邪悪なやり方で罪を犯し、いまも犯し続けている人々をゆるしました。わたしの心をかたくなにしていた怒りや憎しみは消え、深い平安で満たされました。もはや死ぬかどうかは重要ではありませんでした。もちろん死にたくはありませんでしたが、その準備はできました。主はわたしの心を清め、わたしの魂を救われたので、もはや死を恐れることはありませんでした。これまでずっと神を信じ、神に、イエスに、処女マリアに祈りをささげてきましたが、ゆるすことを学んだこの瞬間ほど神の威力を強く感じたことはありませんでした。いまでは、神の力を間近に感じますし、生涯ともにいてくださることを確信しています」。

彼女はその後、ルワンダの国連事務所に職を得ることができました。しかし、「真に新たな生を生きるためには、まだ後一つするべきことが残っている」と感じたのです。そして、自分の母と大好きな兄を大鉈で殺したかつての友人であるフェリシアン（仮名）を刑務所に訪ねます。彼は精神を痛めており、彼女の前で土下座しつつ、「恥ずかしさと後悔のあまりゆるしを請うことすらできずに」いたようです。彼女には「ゆるされたい、と彼が心底望んでいるのは伝わってきた」そうです。

その時のことをイマキュレーさんは、こう書いています。


「フェリシアンのいる刑務所でわたしは、彼とわたしがそれぞれ殺人者、生存者として、同じ途上にあることを知りました。この国が、ホロコーストによる辛苦、流血、苦痛を乗り越え、立ち上がれたとして、二人がまえに進むためには、神のゆるしがもつ癒しの力をどちらも必要としていました。

わたしはフェリシアンを心からゆるしました。わたしの気持が彼に届いたと信じています。わたしの魂は解放され、神の愛で満ちていましたが、虐殺を生き延びたわたしの人生は始まったばかりでした。この国と同じく、不確かな未来に向かって歩いていくなか、暗い日々と多くの懐疑と向き合うことになりましたが、信仰とともに歩んでいけばこの旅が祝福されることは分かっていました」。


この後、彼女は同じツチ族の人々から命を狙われる危険が生じて、国外に脱出します。自分の母や兄を殺したフツ族のフェリシアンを赦したことが知られて、それをツチ族に対する裏切りと見做されたからです。敵を愛し赦すことは、かつての味方を敵に回し、命を狙われることでもあるのです。それが、罪の世の現実です。

この世はそういう憎しみと敵意、復讐の連鎖の呪縛を自らの力で断ち切ることはできません。それは、私たちの国と近隣諸国の関係を見ても分かります。迫害と弾圧、虐殺の事実を認めず、謝罪せずに互いに赦し合うことなどできるはずもありません。

## 主よ

私たち人間は、誰も彼も愚かな罪を繰り返しながら、神様の赦しを求めず、人を赦すことを過ちかのように思い込んでいる。そういう世の中に、神様はご自身の独り子を送ってくださいました。あの飼い葉桶の中に。この方は生まれた時から命を狙われ、最後は十字架の上で「父よ、彼らをお赦しくださ い。自分が何をしているのか知らないのです」と祈りつつ死んでくださったのです。自分を鞭打ち、十字架に釘で打ちつけ、嘲る人々の罪の赦しのために祈ってくださったのです。神様は、そのイエス・キリストを死の中から復活させられました。誰も打ち勝つことができない罪と死の力に、愛と赦しの力で勝利されたのです。

私たちキリスト者は、その神様の勝利の徴です。罪の力よりも強い力があることを証しするのは私たちなのです。聖霊の導きによって罪の赦しを信じている私たちこそ、神の愛と赦しの証人なのです。その恵みと使命の大きさを思うと言葉もありません。ただ祈るしかないのです。

「主よ、どうか罪を赦してください。罪を赦せぬ罪を赦してください。罪を赦せる者となれますように風を送ってください、新しい息を注いでください。主よ、お願いします」。こう祈るしかないのです。

聖なる御父

七たびを七十倍するまでの赦しの中に置かれて、今日も私どもが御前に集められ、命の言葉と命の息を吹きかけていただき、あなたの子として、新たな命を与えていただきますことを心から感謝をいたします。ただあなたの憐れみ、慈しみ、恵みの故です。

私どもは日々、罪の力こそが最大に強いことを証しするような日々を送っております。しかしあなたは御子主イエス・キリストを通して、罪と死の力よりもあなたの愛と赦しの力の方が強いということをはっきりと示してくださり、私どもをその勝利に与らせてくださっております。私たちが祈らないから、そのことをいつも忘れてしまうのです。御神様、御子主イエス・キリストが教えてくださった祈りを祈り、命の御言葉を食べ、命の息を吸いながら生涯、あなたの愛と赦しを証しする証人《あかしびと》として生きることができますように。憎しみが渦巻き、敵意が渦巻き、「殺してしまえ」という怒号が渦巻いています。その中で、あなたに従うことは恐ろしいことであります。しかしだからこそ、御子主イエス・キリストをいつも受け入れて、「恐れるな、小さな群れよ。神の国を与えてくださるのはあなたがたの父のみ心である」。その主イエスの言葉を信じて、歩むことができますように。これよりの一週間の歩みをどうぞ祝福し、お守りください。主イエス・キリストの御名によって祈ります。アーメン

（二〇一三年九月八日）

# 〈主の祈り 12〉
# わたしたちの罪を赦してください

ルカによる福音書一一章四節
マタイによる福音書六章一二節

## 創立記念日

今日は、中渋谷教会の創立記念日礼拝としてこの礼拝をささげております。中渋谷教会は、この地に建って九十六年の伝道の歩みをしてまいりました。その間、毎週の礼拝で「主の祈り」を祈り続けてきたのです。今日も、罪の赦しを求める祈りの言葉です。贖罪信仰に徹して歩んできた中渋谷教会の創立記念日に、ふさわしい箇所だと思います。

## 石巻報告　一

先週は、大住雄一先生が朝、夕、連続の説教をしてくださいました。先生は、伝道旅行から帰った弟子たちが、イエス様に対して「自分たちが行ったことや教えたことを残らず報告した」という言葉を強調しておられました。それは、今日の礼拝の中で、先週の石巻における伝道報告があるはずだということでしょう。

先週、私は石巻山城町教会に行きました。牧師でありチェロ奏者でもある井上とも子先生によるコンサートに参加し、翌日の伝道礼拝で説教をさせていただきました。皆さんの献金によって、すべての費用が賄われております。

二年前に催したコンサートは九十五名の来場者でしたが、今回はそれを上回る百二十一名の来場者がありました。まさに満席でした。井上とも子先生は、チェロの演奏と同時に信仰の証をしてくださって、「教会コンサート」に託されている伝道の使命を果たしてくださいました。その後、中渋谷教会の有志の手作りパウンドケーキや紅茶ケーキをいただきながら、歓談の時を持てましたことも幸いなことでした。

石巻山城町教会は伝道のために「教会コンサート」を開催しているので、来場者の数とともに翌日の礼拝の出席者の数を大切に思っていました。幸い、三人の方がいらっしゃいました。

先週は三連休でしたから、石巻も仙台も宿が満室でした。それでも様々な工夫と努力をして、中渋谷教会から六名の会員が駆けつけてくださいました。信徒同士が顔の見える交わりを深めることは、本当に意義深いことです。

私たちができることは僅かなことです。でも、私たちは「石巻山城町教会や福島教会を忘れていない」と表明することはできます。私がお訪ねするたびに言われることは、「私たちのことを忘れずに覚えてくださっているだけで、私たちは本当に励まされます」ということです。私たちは主にある交わりをもつことを通して、被災地における伝道の業に参与させていただきたいと願います。

**石巻報告　二**

先週の石巻山城町教会の礼拝の奏楽者は、二〇一一年秋のコンサートで泣き続けていた女性です。半年前に襲ってきた津波によって、ご主人を亡くされたのです。その後、長く看取ってこられた母上も亡くされました。でも、コンサートをきっかけに礼拝に出席し始め、ついに今年のペンテコステ礼拝にて洗礼を受けられました。今は、礼拝の奏楽奉仕をしてくださっているのです。震災以来二人目の受洗者です。もう一人は、教会の隣に住む青年です。主イエス・キリストは今も大きな悲しみを与えられた一人ひとりを訪ね歩き、その心の門を叩いてくださることを知らされ、深く慰められます。

私は、今回で六回目の訪問になったかと思います。次第に交わりも深まってきました。そこで、関川祐一郎先生に「もし仮設住宅にお住まいの信徒の方がおられたらお訪ねしたいのだが、頼んでもらえるか」とお願いをしておきました。幸い、八十歳のKさんという婦人が「来てもよい」と言ってくださったとの知らせを受けました。

Kさんのお住まいは、牡鹿半島の美しい砂浜が自慢だった小さな集落にありました。教会から車で一時間以上かかりました。津波によって浜の砂はみな流されてしまい、今は大きな黒い袋の土嚢が海岸線に並べられていました。Kさんは、ご主人と日本各地を旅行していた時にこの土地の美しさに心惹かれて、退職後に東京から引っ越して来られたのです。それほどのどかな美しい所です。しかし、数年前にご主人が亡くなり、震災の津波で自宅の一階部分が完全に破壊されてしまいました。高台に建っている住宅以外はすべて破壊され、今は草がぼうぼう生えている荒れ地となっています。

そのすぐ近くに、プレハブの仮設住宅が並んでいました。玄関も台所も風呂も含めて、小さめの畳十二枚（六坪）の広さです。隣の部屋との壁は薄くて、音はほとんど筒抜けです。Kさんは、二年前の八月からそこにお住まいです。二年前には「じきにコンクリートの集合住宅ができる」と担当者から言われたのですが、二年経っても進展はなく、仮設住宅を出る見通しはまったく立っていないそうです。

人生の晩年に、そういう厳しい試練にあうこともあるのです。

狭い部屋の壁には、讃美歌二八八番の歌詞や教会の仲間が書いた祈りの言葉などが貼ってありました。二八八番の歌詞は「行く末遠く見るを願わじ、主よ、我が弱き足を守りて、一足、また一足、道をば示したまえ」というものです。

東京に帰って来てから、皆さんにも読んでいただいた「東日本大震災記録」という石巻山城町教会が発行した冊子に掲載されているKさんの文章を読み直しました。すると、その讃美歌の歌詞は震災の二週間後に泥の中から拾ったマジックで書いたもので、かろうじて寝ることができる自宅の二階の壁に貼ったものであることが分かりました。その歌詞を、今も仮設住宅の中に貼っておられる。見通しの立たない行く末を見ることよりも、今日一日の歩みを示していただきたい。主イエスに、今日の歩みを共にしていただきたい。そういう祈りがそこにはあるでしょう。

震災後のご経験を伺ってお別れする前に、仮設住宅にお訪ねするという厚かましい願いを聞き入れてくださったことに、感謝の意を述べました。私たち夫婦は関川先生が運転する車で行き、後ろから山城町教会の長老の婦人が運転する車にKさんともう一人教会のお仲間の婦人が同乗して来られたのですが、そのお仲間の婦人が私の言葉を遮るようにして「とんでもない。私たちは、まるでザアカイのような気分だねと車の中で話していたんですよ」とおっしゃったのです。私は何をおっしゃっているのか分からず、ちょっとビックリした顔をしました。すると、「イエス様にいきなり『今日はあなたの家に行く』って言われたザアカイみたいな気分で、本当に嬉しいね、と言っていたんです」とおっしゃいました。私は、何と言ったらよいか分からない驚きと喜びに満たされました。

その部屋には、以前関川先生ご夫妻がお訪ねくださった時に撮った写真が飾られていました。伝道者とはイエス・キリストを宣べ伝える者のことです。その伝道者が信徒のお宅に伺う。それは、その人にとって、イエス・キリストが家に来るということなのだ。その事実の深みに触れて圧倒されました。

最後に関川先生が祈ってくださり、名残を惜しみつつ帰ってまいりました。私は、Kさんをはじめとする石巻山城町教会の皆さんの「一足、また一足」の歩みを、主イエスが共にしてくださるように祈ります。そして、私たちの歩みもまた、主の導きの中に置かれることを祈ります。

**私の罪**

今、「私たちの歩み」と言いました。この場合は「私たち中渋谷教会の者たち」という意味です。しかし、「私たち」とは、実に曖昧でありつつ含蓄が深い言葉だと思います。

三週間前の礼拝で、私は主の祈りの「罪の赦し」に関して語りました。それは、私にとっては見上げるだけで登るのをためらうような高い山を登ることでしたが、なんとか登った気がしました。しかし、登った途端にもう一つの頂上がうっすらと見えてきてどうしたものかと悩みました。気を取り直してその頂上を目指すべきか、その頂上は見なかったことにして別の山に行くか迷ったのです。でも、うっすらであっても見えたものを見えなかったことにする訳にはいかず、それ以来いろいろなことがありましたけれど、絶えずその頂を目指してきたように思います。

前回の「罪の赦し」の説教においては、個人的な罪について語りました。「私」が犯した罪の赦し、「私」に犯された罪の赦しです。その問題に向き合うことは苦しいことですが、これもまた避けて通ることはできないことです。

## 私たちキリスト者の罪

しかし、「主の祈り」は「わたしたちの罪を赦してください」となっています。主イエスは、この祈りを祈るようにと弟子たちに命じられたのです。それは、一人ひとりが自分の罪の赦しを祈り求め、人の罪を赦すことができるように祈り求めることであるに違いありません。しかし、この祈りは「弟子たちが」集まって共に祈る「教会の祈り」でもあるのです。だから、私たちは毎週礼拝の中で「主の祈り」を共に祈っているのです。個人としての「私」の祈りだけでなく、すべてのキリスト者が「わたしたちの罪を赦してください」と祈るように、主イエスは命じておられるからです。

洗礼を受けたキリスト者は、罪を犯さない聖人ではなく、信仰によって罪を赦されている罪人だからです。私たちキリスト者は神の名を語りながら、神に背いている。そして、教会もまた罪を犯しながら生きている。それは事実です。その事実を自覚し、赦しを求めて祈るように命ぜられているのです。その祈りを忘れたら、私たちはうさん臭い独善に陥るだけだと思います。それは、信仰を与えられる以前よりも罪深いことであるに違いありません。

## 私たち全人類の罪

前回の説教を終えた後に、私は今言ったキリスト者全体の罪を思いました。でも、それだけではありません。「わたしたちの罪を赦してください」の「わたしたち」とは、全人類のことを含むのではないかと思ったのです。それが、かすかに見えたもう一つの頂上です。

石巻から東京に帰ってからも、様々なニュースに触れながら生活しています。つい先日も、地球温暖化によって将来は海面が八十センチも上昇し、今は「異常気象」と呼ばれるものが通常のものになるという報道を目にしました。その温暖化の原因は、私たち人間が作り出していることが確実なのです。それは、自らの首を絞める緩慢な自殺行為に他なりません。でも、私たち人間はそれを止めることがなかなかできないのです。

私たち人間は、原子力を利用して原子爆弾を作り出し、それを実際に使用し、多くの市民を無差別に殺し、生き残った人々も原爆病で苦しめ続けました。その威力の恐ろしさに震え、製造したことや使用したことを後悔するのかといえば、我先にと造り続けたのです。これは一体どういうことなのでしょうか。

また、安くて清潔で安全な電気を作るという名目で、原子力発電所を建設してきました。でも、かつてはチェルノブイリで大事故があり、二年前には福島であれほどの事故を起こし、今も終息したとは決して言えず、あの事故で人生を滅茶苦茶にされて苦しんでいる人々が大勢いるのに、わが国の総理大臣は「すべてが完全にコントロール下にあって安全である」と世界に向けて宣言し、各地にある原発の再稼働を自明のこととして進めています。

先日、南相馬の障碍者施設のことが報道されていました。どこにも逃げ場のない障碍者の方たちは、放射能の汚染に脅かされながらその地に留まり続けています。その施設の責任者は、「安全と安心は違う」と語っていました。「放射能の汚染濃度が百以下なら安全だ」と、国は言う。でも、百一は危険で九十九は安全なのか。日によって違うその数値を、どう見れば安心できるのか。安全とはどういう意味なのかという問いかけです。汚染によって明日死ぬことはないということが、安全なのか。十年後には癌を発症するかもしれないけれど、生まれてくる子どもに何らかの障碍が出てくるかもしれないけれど、当面その影響は出て来ないから安全だと言うのか。「数値が百以下だから安全だ」と言われても、安心して暮らせるわけがないのです。

汚染地域からはるか遠くの安全な地域に住んでいる人々は、「すべてはコントロール下にある」とか「安全です」と安心して言えます。しかし、そんな無責任なことはありません。

## 無人兵器

先週、最も心が萎えた報道はこういうものです。最近しばしば話題になっているのは、無人飛行機をはじめとする無人兵器です。つい先日もアメリカで無人兵器の展示会があって、世界中の政府や軍の関係者が集まったと報道されていました。開発している会社の代表者は、「自国の兵士の命を危険にさらすことのない無人兵器の需要は、今後も伸び続けるだろう」と、嬉しそうに語っていました。

パキスタンでは、アメリカ軍の無人飛行機がテロリストを殺すという名目で飛びまくっていて、誤爆を繰り返しています。ある農家の母親は畑仕事をしている時に、頭上を飛んでいた無人飛行機から発射されたミサイルで吹き飛ばされてしまったそうです。近くにいた子どもも大怪我をしました。夫をはじめとする家族は、そのあまりにも理不尽な家族の死に対して、悲しみと怒りと憎しみを抑えることができるはずもありません。

解説によると、アメリカ軍の中では、テロリストとおぼしき人を見つけると殺すことになっているのだそうです。それは無差別殺人と同じことです。道路近くの畑で作業をしている人は、路肩に爆弾を仕掛けている可能性があるから殺してよいことになっており、三〜四人の男たちが広場で集まっているとテロリストが集会をしている可能性があるからミサイルを発射してよいことになっているのだそうです。そういうことをすることによってテロリストを根絶するのではなく、むしろ新たに産み出しているのです。武器商人は、それで儲かるのです。

驚くべきことに、無人飛行機の操縦はアメリカ本土にある基地でしているのです。真っ暗な部屋にいくつものモニターが並んでおり、無人飛行機が送ってくる白黒映像が写っていました。そのモニターに、今言ったような人が見えるとミサイル発射のボタンを押す。次の瞬間、ミサイルが発射され、建物や人が吹き飛ばされる映像が見えるのです。人々の叫びも、呻きも、表情も見えず、血の色も見えず、ただ無味乾燥な爆発が見えるだけです。

その基地で五年間勤務していた兵士が、取材に応じていました。彼は、まだ二十代の青年です。その兵士が「今も忘れることができない」と言って話したことはこういうことです。

ある建物に三~四人の男たちが入って行ったのです。それが本当にテロリストかどうかなんて、アメリカの基地でモニターを前にしている人間が分かるはずもありません。調べている訳ではないし、そもそも調べる気もないのですから。しかし、その兵士の後ろに立っている上官は、男たちが入って行った建物を「破壊しろ」と命じた。つまり、建物もろとも中にいる人々を殺せということです。誰かも分からないのにです。その時、小さな子どもが建物に向かって走り寄って入ろうとしたそうです。でも、上官は即座に「犬だ」と言って、発射を命じた。兵士は命令に従いました。しかし、どう見たって犬ではない。明らかに人間の子どもなのです。でも、「犬だ」という上官の命令に従ってミサイルを発射した。その時、彼は「なにかとても気分が悪くなった」と言いました。その後、彼は除隊しました。

基地に勤めている時は毎日無人飛行機を操り、ゲームの中でのように人殺しをしながら、勤務時間が終われば趣味に興じたり、パーティーに出たりしている。自分でも奇妙だと思う生活だったそうです。そして、「自分がどんどん無感覚になるのが分かった」と言っています。

彼が除隊する時、上官は「お前が五年間に殺した数は千六百人だ」と嬉しそうに言ったそうです。まさに吐き気がするほど気分の悪い話です。感覚を麻痺させなければ聞いていられない話です。

二十代の若者が、命令されるままに千六百人の人間を殺す。子どもも女性も、ただの農民も殺す。そうすることで、国から給料をもらって生活しているのです。千六百人の顔も名前も知らないし、知ろうともしない。知らないから平気で殺せる。それは一体どういうことなのでしょうか。しかし、それが世界の現実、私たち人間の現実です。「私は無関係です」と、私たちは言えません。

**天地創造物語**

青山学院の講義が始まったので、今年も創世記の一章から読み直しています。そこには、神様が「良し」とされた美しく調和のとれた世界が描かれています。男と女としての人間は神にかたどられ、神に似せられて造られ、互いに愛し合い、自然と動物を管理することが命じられているのです。でも、その記事の背後には凄まじく残虐な戦争体験があります。バビロン軍に包囲されたエルサレムの中では餓死する者がおり、精神を痛めた母親が自分の子どもを鍋で煮て食べた、と哀歌には記されています。また、バビロンの兵士たちは、イスラエル人の赤ん坊を母の腕から奪い取って岩に叩きつけて殺した、と詩編にはあります。美しく調和のとれた創世記一章の背後にある現実は、まさに闇と混沌が支配しているものなのです。叫びと血に満ちている。

その後の物語は、皆さんもご存じのとおりです。人間は蛇の誘惑に負け、自らの意志で禁断の木の実を食べ、さらに悔い改めを拒みました。男は女のせいにし、女は蛇のせいにするのです。そして、アダムとエバの最初の子であるカインは、弟アベルを殺してもその罪を悔い改めることがありません。

**ノアの箱舟物語**

アダムから十代の系図を経て、ノアの箱舟の物語が記されています。そこにはこうあります。

**主は、地上に人の悪が増し、常に悪いことばかりを心に思い計っているのを御覧になって、地上に人を造ったことを後悔し、心を痛められた。主は言われた。「わたしは人を創造したが、これを地上からぬぐい去ろう。人だけでなく、家畜も這うものも空の鳥も。わたしはこれらを造ったことを後悔する」。**

（創世六・五〜七）

主なる神様は、無人飛行機のはるか上から地上のすべてのことを御覧になっているのです。飛行機のカメラが写しようもない人の心の中の思い計りまで御覧になっている。この地上で何がなされているか、そこにいる人間が何を考えているのか。そのすべてを御覧になっているのです。アメリカの基地の暗い部屋の中でなされていることも、パキスタンの畑の中で起きていることも見ている。そして、ミサイルを発射する人間の心の中も、家族を殺された人々の心の中も見ておられる。そして、「地上に人を造ったことを後悔し、心を痛められた」のです。

ご自身にかたどって造った人間が堕落して、常に悪いことばかりを思い計っている。その様を、つぶさに見させられる神様の心の痛みを思います。愛してやまない人間を造ったことを後悔する。地上からぬぐい去ろうと決心される。その神様の心の痛み、悲しみの深さは、私たちの想像を超えるものです。でも、想像しなければならないでしょう。神に似せて造られた人間として。

暗い部屋で、一万キロ以上も離れた見ず知らずの人々を殺し続ける日々を送れば、人間の心は無感覚になります。それは、想像力がなくなるということです。人間の痛みが分からなくなるのです。まして、神様の心の痛みなど分かるはずもありません。そして、自分が何をしているのか分からなくなるのです。人を殺すとはどういうことかも分からなくなる。神様はそういう人間の罪を裁かれます。

しかし、ノアとその家族、またすべての動物を箱舟に入れて生き延びさせようとするのです。神様の願いは、滅亡ではなく救済だからです。だから、洪水の後、ノアが真っ先にしたことは犠牲をささげつつ、神様に祈ることだったのです。その時、彼は自分の罪の赦しを求めて祈ったのではありません。全人類の罪の赦しを求めて祈ったのだと思います。神様はその祈りを聞き、人が心に思うことは幼い頃から悪くても、二度と大地を呪うことはしない、と約束してくださったのです（創世八・二一）。

## アブラハム物語

アブラハム物語の中では、アブラハムは淫蕩の町であるソドムの罪が赦されるように神様に祈りました。「もし、その町に十人の正しい者がいるならばその十人の故に町全体を赦して欲しい」と。神様は、そのアブラハムの祈りを受け入れられ、「その十人のためにわたしは滅ぼさない」（創世一九・三二）とおっしゃいました。神様の御心は、人間を滅ぼすことではなく、救うことだからです。しかし、ソドムにはその十人がいませんでした。世の光、地の塩たるべき人間がいなかったのです。

## 彼らをお赦しください

私たちは、「祈るときには、こう言いなさい」と主イエスに命ぜられた弟子たちです。神様を「父よ」（アッバ）と呼ぶことが許されている弟子たちです。その祈りの極みに「わたしたちの罪を赦してください」があるのです。

そして、主イエスの地上の生涯の極みは十字架の死です。その十字架の上で主イエスはこう祈られたでしょう。

**「父よ、彼らをお赦しください。自分が何をしているのか知らないのです。」**

「彼ら」とは「私たち」のことです。この時この現場にいた人間のことだけではありません。すべての人間のことです。主イエスは、すべての人間のために十字架に磔にされ、すべての人間の罪が赦されるように祈ってくださっているのです。この十字架の主イエスはノアがささげた犠牲の成就としての犠牲だし、その祈る姿はソドムにいなかった十人の「正しい人」（ルカ二三・四七）の姿だと思います。神様は、主イエスという完璧な犠牲を受け入れ、完全な正しさを生きた方の祈りを聞き入れ、罪人である私たちの罪を赦してくださったのです。私たちは、この主イエスの祈りと犠牲によって罪を赦されたのです。そのことを信じる信仰によって義とされ、新しい命を与えられている。そのような恵みを与えられている「私たちは」、「私たちすべての人間」の罪を、その身に感じつつ「わたしたちの罪を赦しください」と祈るように召されているのではないでしょうか。

## 中渋谷教会が目指しているもの

今日発行された「会報」は、六百号を記念する会報です。意図した訳ではありませんが、創立記念日とタイミングが合いました。歴代の会報担当長老たちが、それぞれの思いを込めた文章を寄せてくださっています。私も巻頭言を書かせていただきました。その中で、教会の創立者である森明牧師の言葉を引用しました。森牧師は自らの罪の問題に苦闘する中で「血みどろの十字架」のイエス様を信じた方です。そして、十字架の主イエス・キリストを、一人でも多くの友たちに紹介することにその短い生涯を燃焼させた牧師です。贖罪信仰に徹し、伝道に徹したのです。その森牧師が中渋谷教会の使命として掲げたのは「神の国をあまねく東洋に建設する」ことです。自分の罪の赦しだけを求めたのではないのです。日本の救い、東洋の救いを求めたのです。そして、そのことのために祈り、伝道する。そこに中渋谷教会の使命があると、繰り返し語っています。それはもちろん、森明牧師の専売特許ではなく、復活の主イエスが弟子たちに「地の果てに至るまで、わたしの証人となる」（使徒一・八）と命ぜられたことに端を発しています。

私たちは、その福音伝道の使命を継承している者たちです。それは、祈りなくしてできることではありません。血気盛んに宣べ伝えるだけが伝道ではありません。行動するだけが信仰の証ではない。人知れず「わたしたちの罪をお赦しください」と祈ることも伝道なのです。

今日の午後は、建築懇談会がもたれます。礼拝堂とは、何よりも祈りの宮です。共に集まって祈るところなのです。その意味で、伝道の拠点です。天から全地を見下ろしておられる神様は、私たちがこの礼拝堂でささげる祈りを聞かれます。主イエス・キリストの十字架の祈りに連なる私たちの祈りを聞いてくださるのです。だから、祈りこそ最大の行為です。私たちの行為が人類を救うのではなく、祈りに応えてくださる神様の行為が救うのですから。

私たち中渋谷教会の者たちは、これまでもそうでしたが、これからもそのことを深く覚えて、「主の祈り」を共に祈りつつ伝道の使命を果たしていきたいと切に願います。

## わたしたちの罪を赦してください〈主の祈り 12〉

聖なる御父

新たな主の日、私どもにとっては教会創立記念日の礼拝に、こうしてお招きいただきまして心から感謝をいたします。この礼拝において、あなたの聖霊を注いでいただき、あなたの御言葉をいただき、あなたの御顔の光の前に立たせていただいて、私どもがいかに愚かにして傲慢な者であるかを知らされて、心からお詫びをいたします。あなたの御前に出ないと私たちは自分の愚かさも分かりません。自分が何を言っているのか自分が何をしているのかも分かりません。人の言葉しか聞こえないところに正義も悪もありません。ただあなたの前に立ったときに、あなたがどれ程私どもを愛し、義なるお方であり、聖なるお方であり、私たちを赦し、何とか救おうとしてくださるお方であることを、知らされます。あなたが御子主イエス・キリストを私どものために世に送ってくださり、御子主イエス・キリストは完全な贖いとして、その犠牲として、また完全な人として、正しい人として、私どものために執り成し祈ってくださいました。その主イエス・キリストが、私たちに「私たちの罪を赦してください」と祈るようにお命じになっております。そのことの深い意味を心に覚えて、これからも祈り続けることができますように。中渋谷教会が祈りの教会として、そして伝道の教会として、しっかりと立ち続けることができますように。これからの私たちの歩みを支え、導いてください。今日この場に集いたいと願いながら集うことができない者たちを、電話を通して礼拝を共にしている者たちを、どうぞあなたの顧みのうちにおいてください。主イエス・キリストの御名によって祈ります。アーメン

（二〇一三年九月二十九日　創立記念日礼拝）

〈主の祈り 13〉

ルカによる福音書一一章四節
マタイによる福音書六章一三節

# 誘惑に遭わせないでください

わたしたちの罪を赦してください、
わたしたちも自分に負い目のある人を
皆赦しますから。
わたしたちを誘惑に遭わせないでください。

わたしたちを誘惑に遭わせず、
悪い者から救ってください。

**頌栄**

今日で「主の祈り」に関する説教を終えることといたします。来週は、「主の祈り」に続く主イエスの御言葉を聴きます。
ルカにもマタイにも私たちが毎週祈っている「国と力と栄とは限りなく汝のものなればなり、アーメン」がないことに、首をかしげる方もおられると思います。

最も古いと思われる写本にはないので、多くの翻訳聖書にはその言葉がありません。しかし、初代教会の礼拝で「国と力と栄とは……」を含む「主の祈り」が祈られていたことは確実だと思います。

「国と力と栄とは……」は、願いとしての祈りではなく神様を賛美する頌栄です。宗教改革者のカルヴァンは、礼拝の式次第を「祈りの形式」と呼んだそうです。彼によれば、礼拝全体が「祈り」なのです。その祈りとしての礼拝の最初の方に「讃詠」があり、終わりに「頌栄」があります。『讃美歌』（五十四年版）の「讃詠」と「頌栄」に意味の違いはありません。両方とも、三位一体にして永遠の神様の栄光を賛美する歌です。

「国と力と栄とは限りなく汝のものなればなり」とは、天地万物を創造し支配し給う神様の栄光を賛美する頌栄です。主の祈りは、父の「御名が崇められる（賛美される）」ことを願う祈りで始まり、神に栄光を帰す賛美で終わります。キリスト教会は二千年間、この祈りを祈り続けてきました。それは御国が到来する世の終わりまで続くことですし、続けていかねばならないことです。

## 誰に祈っているのか

日本人の場合は、「神」と言っても曖昧ですから、心の中で強く念じることも祈りですが、私たちは、イエス・キリストの父なる神様に祈ります。対象が明確なのです。

私たちが父なる神様に祈る一つの理由は、私たちが弱い存在だからです。だから、強い方に助けを求めて祈るのです。祈る相手が無力であれば、祈ることは空しいと思います。神様に私たちを守る力がないのであれば、祈ること自体が惨めです。

私たちが祈る神様は、使徒信条の言葉を使えば「天地の造り主、全能の父なる神」です。この方よりも強い神様はいないのです。トランプで言えばスペードのエースです。いきなり出てきて、すべてのカードを脅かすジョーカーよりも強い。私たちは幸いにして、この地上を生きている時に神の子であるイエス・キリストと出会い、「父」（アッバ）と呼ぶべき方と出会いました。「恵み」としか言いようがありません。この「恵み」によって、私たちはイエス・キリストの父を「わたしの父」と信じて祈るのです。そのように祈ることが許され、また求められているのです。私たちは、父は子である私たちの祈りを聞いてくださると信じ、御心に適う祈りであれば必ず応えてくださると信じて祈ります。私たちの願いの実現を求めて祈るというよりも、父の願いを私たちの願いにすることができるように祈る。御心に適う祈りを求めるという点で、現世利益を求める宗教とキリスト教は根本的に異なります。

**誘惑　悪い者**

そこで、今日の箇所に入っていきます。ルカは「誘惑に遭わせないでください」だけですけれど、マタイは「悪い者から救ってください」が続いています。私たちが唱和する「主の祈り」では、「誘惑」は「試み」であり「悪い者」は「悪」となっています。いずれの言葉もどちらにも訳せる言葉だからです。でも、「悪い者」と訳されると「悪人」と思ってしまう場合があるし、「悪」だと病気だとか事故だとかを連想してしまうかもしれません。しかし、「悪い者」は悪い人のことではないし、「悪」も病気とか事故のことではないと思います。ここではもっと根源的なこと、深刻なことが祈られているのです。いわゆる無病息災の祈願ではありません。

## 悪魔

ここに出てくる「悪い者」（ポネーロス）は、人間を誘惑する存在、人間を悪に引き込む存在と解釈すべきだと思います。

ルカ福音書で「誘惑」が最初に出てくるのは、「荒野の誘惑」と呼ばれる四章です。

**さて、イエスは聖霊に満ちて、ヨルダン川からお帰りになった。そして、荒れ野の中を〝霊〟によって引き回され、四十日間、悪魔から誘惑を受けられた。その間、何も食べず、その期間が終わると空腹を覚えられた。そこで、悪魔はイエスに言った。「神の子なら、この石にパンになるように命じたらどうだ。」**

（ルカ四・一〜三）

これは、イエス様が洗礼者ヨハネから洗礼を受けた直後のことです。洗礼を受けて祈っておられる時、聖霊がイエス様の上に降り、天からこういう声が聞こえました。

**「あなたはわたしの愛する子、わたしの心に適う者。」**

（同三・二二）

この言葉を聞いた直後、イエス様は荒れ野で悪魔からの誘惑を受けられるのです。洗礼を受けた者にとっての誘惑と、そうでない者にとっての誘惑は本質が違います。創造者を「父よ」と呼ぶ人間とそうではない人間とは、その本質が違いますから、受ける誘惑の本質が違うのは当然です。洗礼を受けた人は、それ以前の自分とも違う人間なのです。神様にとって違いますし、悪魔にとっても違うのです。

「悪魔」は、神様と私たちを引き離そうとする力、人間に誘惑を与える存在だと言ってよいと思います。神様が目には見えないように、悪魔も目に見えません。神様の言葉が耳に聞こえるものではないのと同じように、悪魔の言葉も耳に聞こえるものではありません。両者共に、私たちの心に語りかけてくるのです。詩編三六編には「神に逆らう者に罪が語りかけるのが、私の心の奥に聞こえる」とあります。

**悪魔の誘惑**

その悪魔が、神様の「愛する子」であるイエス様を誘惑する。イエス様と神様との間にある愛と信頼の関係を破壊しようとするのです。悪魔は「神の子なら、この石にパンになるように命じたらどうだ」と言い、全世界の国々を見せた上で「もしわたしを拝むなら、みんなあなたのものになる」と言い、エルサレム神殿の屋根の端に立たせて「神の子なら、ここから飛び降りたらどうだ」と言うのです。この三つの提案が、魅力的な提案であることは間違いありません。それはすべて、「国と力と栄とを」イエス様のものにしたら良いではないかという提案です。しかし、その提案を受け入れることは、悪魔の前にひれ伏し拝むことを意味します。

神様の御心に反して、自分の繁栄とか権力や栄誉を求める時、当初は上手くいくことが多いのです。悪魔は賢いので、そのように仕向けることができるのです。ギャンブルや薬物などで身を持ち崩してしまった人も、最初は儲けたのだし、精神的に救われたのです。その成功体験とか快感が、その後の泥沼への呼び水になるものです。

平凡な生活の中にも、神様と私たちを引き離す力はいつでも働いています。聖書に出てくる「悪」とか「誘惑」は、この世で言うところのものではないからです。神を信じないで、富や権力を持つことで幸せを感じていることはいくらでもあります。でも、そのこと自体が、悪魔の誘惑に完全に負けてしまっていることなのです。本人が分かっていないだけです。

**最上の幸福**

宗教改革者のカルヴァンは、ジュネーブ教会の子どもたちの信仰教育のために『ジュネーブ教会信仰問答』を作成しました。その最初の問いはこうです。

問一　人生の主な目的は何ですか。
答え　神を知ることであります。

その後の問答は、こういう流れです。

「神は我々の生の源であるから、神を崇めることこそ神に造られた人間の最上の幸福である。神を信じ神に従って生きないとすれば、我々人間は、本来の人間を生きていないことになり、それこそ最大の不幸である。我々は神を賛美するために造られた。一切の栄光を神に帰して賛美する時、人は最上の幸福を得る。」

カルヴァンは、悪事に手を染めたり、道徳的に堕落すること自体を不幸だとは言いません。ごく普通の生活、真面目な生活をしている人も、神を信じ神に従っていないならば、神を崇め賛美しつつ生きていないならば不幸だ、と言うのです。ちょっときつい言葉ですけれど、「野獣よりも不幸だ」と彼は言います。こういうことは、なかなか分かってもらえません。私たちも、かつては全く分かりませんでした。

## 金持ちの青年

ルカ福音書一八章に、こういう出来事が記されています。律法を忠実に守り富にも地位にも恵まれた青年が、「何をすれば永遠の命を受け継ぐことができるでしょうか」とイエス様に尋ねたのです。彼は律法の教えを忠実に守っており、そのことで神様に祝福され、富にも恵まれていると自他共に思ってい た人です。でも、まだ「最上の幸福」を得ているとは思えなかったのでしょう。イエス様は、その青年に、持ち物をすべて売り払ってイエス様に従うようにお命じになりました。彼は、非常な悲しみの中を立ち去りました。その青年の後姿を見て、「金持ちが神の国に入るよりも、らくだが針の穴を通る方がまだ易しい」(ルカ一八・二五)とイエス様はおっしゃったのです。弟子たちは、イエス様が何をおっしゃっているのか、全く分かりませんでした。

青年は、世の人々の尊敬を受けていました。しかし、永遠の命を受け継ぐために必要なことは、世の基準で良いことをすることではありません。「神を知ること」なのです。神の愛を信じ、全身全霊を傾けて神を愛し、賛美することなのです。そこに神に造られた人間の最上の幸福がある。金持ちだから神の国に入れないとか、立派な行いをしていても駄目なのだとか、そういうことではありません。金持ちであれ貧しいものであれ、立派な人であれ、ふしだらな人であれ、神を知っているか否か。神を愛し、神に従って生きるか否か。ただそのことが問われているのです。その点においては、「二兎を追う者は一兎をも得ず」という諺は正しいと思います。

### 幼子

ルカ福音書では、この話の直前にイエス様が子どもを祝福する場面があります。イエス様に触れていただくために人々が幼子や乳飲み子を連れて来ると、弟子たちは腹を立てて叱ったのです。でも、イエス様は、乳飲み子たちを呼びよせてこうおっしゃいました。

**「はっきり言っておく。子供のように神の国を受け入れる人でなければ、決してそこに入ることはできない。」**

今日は、青年たちの文集である「青年会誌」と、高齢の方たちの文集「桜丘の風」が同時に発行されました。青年たちは、それぞれ御言葉と真剣に向き合いつつ自分の人生を見つめる文章を書いています。「桜丘の風」は、来るべき日に心備えをしている方たちがそれぞれの思いを書いておられます。その中に、教会学校に通っているお孫さんが、幼稚園児だった頃に書いた文章を紹介してくださっているものがありました。

それは、「ありがとう」のお手紙を書くなら誰に何を書きたいかと尋ねた時に、その幼子が書いた文章です。その子は、大きな字で、

「かみさま
にんげんを
つくってくれて

ありがとう」

と書いたのです。

ここには「頌栄」があります。この幼子は、神様を賛美しているのです。愛に満ちた家族の中に生かされていることを感謝し、賛美している。人間にとって「最上の幸福」は、このように神様を賛美することだと思います。私たちは、神様を賛美するために創造されたのですから。

**誘惑に遭う大人**

しかし、私たちは誰でも幼子のままでいる訳ではなく、大人になっていきます。誘惑に遭い、悪に染まっていきます。この世で言うところの「悪」ではなくとも、神様への感謝を忘れ、賛美を忘れ、自分の幸福だけを求めて生きるようになるのです。つまり、「最上の幸福」を知らぬままに生きていくのです。家庭でも学校でも、「最上の幸福」は「神を知ること」にあるとは教えないのですから、それは当然のことでしょう。だから、私たちが今その幸福を生きることができるのは「恵み」だと言ったのです。

しかし、そういう「恵み」を与えられている者にこそ、悪魔は攻撃を仕掛けてきます。それ以外の人々には既に勝利し、支配しているのですから攻撃する必要などありません。神の御心に従って生きようとする者にこそ、攻撃を仕掛けてくるのです。イエス様が身をもって経験されたのはそのことだし、それはこの時の経験に留まりません。「悪魔はあらゆる誘惑を終えて、時が来るまでイエスを離れた」（ルカ四・一三）とルカは書いています。時が来れば、またやって来るのです。

## たとえ悪に落ちても

イエス様は、「わたしたちを誘惑に遭わせないでください」「悪い者から救ってください」と祈るように命じられます。「遭わせないでください」だと、誘惑に遭うこと自体を免れさせてくださいと祈っているように聞こえます。しかし、「遭わせないで」は原語では二つの言葉の合成語です。「持ち運ぶ」とか「連れて行く」という動詞に、「～の中へ」という言葉がくっついているのです。

誰だって誘惑に遭うことはあるのです。世の中は誘惑に満ちあふれているのです。その一つひとつを、避けて生きていけるはずはありません。イエス様にとっても、それは自明のことです。

誘惑に遭うことはある。毎日ある。でも、「その中に取り込まれないように祈りなさい。連れ込まれないように祈りなさい。祈らないままに悪に堕ちてしまった時は、諦めないで悪から救ってくださいと祈りなさい」とイエス様は言われるのです。誰だって悪に堕ちてしまうことはあるのですから。「たとえ堕ちてしまっても、そこで父に向かって祈れば、父はその祈りを聞いてくださる。そのことを信じて祈りなさい」とおっしゃっているのだと思います。

## 自分で戦うな

ある人が、こんなことを言っていました。

「我々は誘惑と戦うべきではない。戦えばますます深みにはまってしまう。我々の戦いは人間に対するものではない。パウロが言う如く、もろもろの支配と権威と闇の世の支配者に対する戦いである。その戦いに私たち人間は勝つことはできない。だから、祈るしかないのだ」。

そうなのだと思います。私たちは誘惑と戦うことを通して、その誘惑の中に知らず知らずのうちに連れ込まれてしまうものです。

先週の朝礼拝の説教は、私が尊敬する井ノ川牧師が語ってくださいました。力強い説教で、最初から最後までアクセル全開でしたけれど、途中でクスクスと笑ってしまう事例も入れてくれました。

井ノ川先生は日曜日の夜、「八重の桜」だけでなく、録画しておいた「半沢直樹」というテレビドラマを見るのだそうです。このドラマは「倍返し」の復讐をすることで人気を博したようです。あの温厚な先生が、そういうドラマを録画までして見ることに驚きました。また、夜寝ている時にしばしば激しい歯ぎしりをしていると聞いて、これもビックリしました。先生のように起きている時に倍返しをしない人は、夜中に自分でも知らぬ間に歯ぎしりをしているのでしょう。そして、倍返しの復讐をするドラマを見ながら溜飲を下げる。そういうことがあるのだと、先生はおっしゃいました。

私は、起きている時に倍返しをしてしまいますから、「ごめんなさい。すみません」と詫びている夢をしばしば見ます。

『凶悪』

私は、テレビドラマは見ませんけれど、休日には映画を見ます。先日観た映画は、『凶悪』というものです。

映画の主題は、復讐です。金のためならば平気で人を殺す、むしろ楽しみながら人を殺す。そういう人間が、この世にはいます。その映画では、殺人の実行犯であるヤクザは既に死刑囚として拘置所にいるのです。しかし、その死刑囚は、自分を操っていた土地ブローカーが世間でのうのうと生きていることが許せません。そこで、ある雑誌記者に、闇に葬られていた犯罪を告白して雑誌の記事にさせるのです。彼が願ったとおり、その記事は話題になり、警察が動いてブローカーは逮捕されました。でも裁判の判決は、死刑ではなく無期懲役なのです。記者はそれでは気が収まらず、何とか証拠を見つけ出してブローカーを死刑に追い込むことに必死になり、次第に目が血走ってくるのです。その記者と拘置所の面会室で会ったブローカーは、「今、俺を最も殺したいと願っているのは、あのヤクザでも被害者たちでもない。お前さんだ」とおちょくったように言うのです。

それは、「お前も人を殺すことに熱を上げる人間なんだ」ということです。金のためとか正義のためとかいう大義名分は違っても、人を殺すことのために生きている。その点においては、拘置所に捕えられている俺たちとお前は全く同じなんだということです。

悪を憎み、悪と戦う思いで悪と関わり続けると、次第に自分が悪に染まっていく。気がついた時には、同じ穴のムジナになっている。そういうことは確かにあります。悪に対して復讐することは、自らの墓穴を掘ることです。

## 敵を見誤るな

どうしてそうなってしまうのかと言うと、敵を見誤るからです。「悪人」を敵だと思うからです。悪人が敵ならば、勝てることもあるでしょう。あるいは勝ったと思えることもある。でも、もし悪人を殺して正義が勝ったと思うとするならば、その時にこそ悪魔が勝利の雄叫びを上げているのです。「俺が勝った」と。「悪人に復讐し、悪人を殺すことを正義だと思わせることに成功した。だから俺の勝ちだ」。悪魔は、そういう歓呼の声を上げている。この世は、悪魔の雄叫びと歓呼に満ち満ちています。

この世は、誘惑に満ちた荒れ野であり、誘惑に負けた者たちの修羅場なのです。

**求めなさい**

しかし、その荒れ野や修羅場を主イエスはご存じです。誰よりも深くご存じです。そして、主イエスは悪魔には勝利させませんでした。荒れ野の誘惑の前後には「イエスは聖霊に満ちて」「荒れ野の中を〝霊〟によって引き回され」「イエスは〝霊〟の力に満ちて」と書かれています。父なる神の力に満ちて、と言い換えてもよいでしょう。

イエス様は、父の力に完全に頼られたのです。悪魔は父と子の関係を引き離し、引き裂こうとあの手この手で誘惑してきます。しかし、イエス様は悪魔を見ない。悪魔と戦いません。対話しないのです。ただひたすら天の父を見上げ、天の父が与えてくださる言葉を待ち、それを告げるだけです。聖霊によって与えられる神様の言葉だけが、悪魔に対抗できるものだからです。イエス様が聖霊を与えられたのは、洗礼を受けた直後に祈っておられるときでした。そして、イエス様はご自身と同じように、「父よ」と呼びかけて祈りなさいと私たちに命じてくださっているのです。その意図は明白だと思います。

来週の礼拝では、主の祈りに続く箇所を読みます。そこで主イエスは、「求めなさい。そうすれば、与えられる」とおっしゃり、最後は「このように、あなたがたは悪い者でありながらも、自分の子供には良い物を与えることを知っている。まして天の父は求める者に聖霊を与えてくださる」とおっしゃっています。

襲ってきた誘惑の中に完全に入り込まないようにしてくださるのも、落ちてしまった悪から救い出してくださるのも、神様の力である聖霊です。私たちは、自力では何もできません。私たちは、自分で自分を救うことはできないのです。それは、真剣に誘惑と戦った経験のある人間、つまり、悪魔との戦いに無残に敗北した経験のある人間にとっては実感だと思います。

だから、主イエスは「アッバ、父よ。助けてください。聖霊を送ってください」と祈りなさいとおっしゃる。私たちが、誘惑の中に入り込んで行かないように、悪と戦いつつ悪の中に取り込まれ、悪魔に敗北してしまわないように願ってのことです。

## 人間に入りこむ悪魔

悪魔そのものは、目に見えません。悪魔は人間の中に入り込んできて、人間に悪魔的な業をさせます。パウロは、そういう悪魔の性質をよく知っていた人だと思います。彼は、コリントの信徒への手紙二の中で、人を赦すことは「サタンにつけ込まれないためだ」（二・一一）と言います。サタンはいつも、「あいつを憎め。復讐しろ。殺してしまえ」と囁きかけてくるからです。

そして、昔も今もキリストの使徒を装って教会に入りこんでくる偽使徒がいます。神に仕えるためではなく、生活の資を得るために、また人を支配する欲望を満足させるために伝道者になる人間がいるのです。パウロは、そういう事実を指摘しつつこう言います。

**「驚くには当たりません。サタンでさえ光の天使を装うのです。だから、サタンに仕える者たちが、義に仕える者を装うことなど、大したことではありません。彼らは、自分たちの業に応じた最期を遂げるでしょう。」**

（Ⅱコリント一一・一四～一五）

サタンに仕えることで、この世の富や権力を手にすることはできます。サタンは賢いのですから。荒れ野でイエス様を誘惑した悪魔も、その手口で誘惑しました。イエス様は、それが悪魔だと分かります。しかし、私たち人間は、それが悪魔だとは分からないことが多いのです。「光の天使」だと思うことがある。だから、義に仕えているつもりで悪魔に仕えていることがあるのです。まさに自分のしていることが分からない。

**復讐を願わない**

イエス様を十字架に磔にした首謀者たちは、神の民イスラエルの議員たちです。大祭司、祭司長、律法学者、民の長老たちです。彼らは、自分たちは神に仕えていると確信しています。だから、イエス様を「神を冒瀆した罪人」として処刑することに些かの迷いもありません。彼らは、十字架の上で祈るイエス様に向かって叫びます。

**「他人を救ったのだ。もし神からのメシアで、選ばれた者なら、自分を救うがよい。」** （ルカ二三・三五）

ここに、悪魔の勝利の雄叫びがあるでしょう。彼らは義に仕えているつもりで、サタンに仕えているのです。イエス様は、父を見上げてこう祈られました。

**「父よ、彼らをお赦しください。自分が何をしているか知らないのです。」** （同二三・三四）

イエス様は、ご自分を殺す者たちに対する復讐を願いません。彼らの救いを願う。私たち罪人の救いを祈り求めてくださる。

その祈りを聞いて、十字架に磔にされている犯罪者が、イエス様に罪の赦しを願います。自分の罪を認め、死刑という裁きを受け入れた上で、「イエスよ、あなたの御国においでになるときには、わたしを思い出してください」と。その男に向かって、イエス様は、「はっきり言っておくが、あなたは今日わたしと一緒に楽園にいる」とおっしゃいました。

**神様の愛の勝利**

そして、真昼間なのに太陽が光を失う中で、大声で叫ばれたのです。

「父よ、わたしの霊を御手にゆだねます。」（同二三・四六）

イエス様ご自身が、「父よ、父よ」と祈っておられる。聖霊を注ぎながら「あなたはわたしの愛する子、わたしの心に適う者」と語りかけてくださった父の愛を信じ、その愛の中にご自身をお委ねになっている。それが、主イエスの祈りです。その祈りにおいて、主イエスは誘惑に打ち勝ち、悪魔に打ち勝っておられるのです。ここに、神様の愛の勝利があるのです。

「祈るときには、こう言いなさい」という主イエスの言葉は、主イエスと共なる祈りの戦いへの招きです。誘惑に直面しても、その中に入り込まないで済むようにとの招きなのです。また、もし誘惑に負けて悪の中に堕ち込んでしまっても、そこから救い出されるための招きなのです。神様は、罪人の悔い改めの祈りを聞いてくださり、楽園に招き入れてくださるからです。それが神様の義の裁きです。そこに神様の勝利があるのです。

**主イエスの執り成しの祈り**

十字架の死と復活を経て、主イエスは今、神の右に座しておられます。勝利者として神の右に座しておられる。そこで何をしてくださっているのか。パウロはこう言います。

だれがわたしたちを罪に定めることができましょう。死んだ方、否、むしろ、復活させられた方であるキリスト・イエスが、神の右に座っていて、わたしたちのために執り成してくださるのです。だれが、キリストの愛からわたしたちを引き離すことができましょう。艱難か。苦しみか。迫害か。飢えか。裸か。危険か。剣か。

（中略）

これらすべてのことにおいて、わたしたちは、わたしたちを愛してくださる方によって輝かしい勝利を収めています。わたしは確信しています。死も、命も、天使も、支配するものも、現在のものも、未来のものも、力あるものも、高い所にいるものも、低い所にいるものも、他のどんな被造物も、わたしたちの主キリスト・イエスによって示された神の愛から、わたしたちを引き離すことはできないのです。

（ローマ八・三四〜三九）

私たちのために、イエス・キリストをこの世に送ってくださったのが、私たちの父である神です。天地の造り主にして、全能の父なる神様です。その神様が、御子イエス・キリストの十字架の死と復活を通して、私たちの罪を赦してくださったのです。そして、永遠の命を受け継ぐ者、楽園に生きる者にしてくださったのです。

御子は今、神の右の座にあって、日々誘惑に直面している私たちのために執り成しの祈りをささげてくださっている。そして、信仰による輝かしい勝利に与らせてくださる。何という恵みでしょうか。最早何ものも、主キリスト・イエスによって示された神の愛から、私たちを引き離すことはできないのです。

私たちはその事実を、毎週、賛美に始まり賛美で終わる礼拝において確信することができるのです。だから、その確信をもって今日も祈ります。

父よ

誘惑の中に入っていかないように、私たちを導いてください。あなたに祈ることをしない罪の故に堕ちてしまう悪の中からも、私たちを救い出してください。国も力も栄も永久にあなたのものです。あなたは、全能の父です。御子は、私たちの救い主です。どんな者でも悔い改めるならその罪を赦し、楽園に招いてくださる方です。父よ、私たちはあなたを賛美します。私たちはあなたの子、あなたの御名を崇めるために造られたのです。私たちを、そのようなものとして造ってくださってありがとうございます。恵みによって、あなたを賛美する最上の幸福を与えてくださったことを感謝します。どうか、この信仰を日々新たにしつつ生きることができますように、これからも聖霊を注いでください。主イエスの御名によって祈ります。アーメン

（二〇一三年十月二十日）

# まして天の父は

ルカによる福音書一一章五節～一三節

また、弟子たちに言われた。「あなたがたのうちのだれかに友達がいて、真夜中にその人のところに行き、次のように言ったとしよう。『友よ、パンを三つ貸してください。旅行中の友達がわたしのところに立ち寄ったが、何も出すものがないのです。』すると、その人は家の中から答えるにちがいない。『面倒をかけないでください。もう戸は閉めたし、子供たちはわたしのそばで寝ています。起きてあなたに何かをあげるわけにはいきません。』しかし、言っておく。その人は、友達だからということでは起きて何か与えるようなことはなくても、しつように頼めば、起きて来て必要なものは何でも与えるであろう。そこで、わたしは言っておく。求めなさい。そうすれば、与えられる。探しなさい。そうすれば、見つかる。門をたたきなさい。そうすれば、開かれる。だれでも、求める者は受け、探す者は見つけ、門をたたく者には開かれる。あなたがたの中に、魚を欲しがる子供に、魚の代わりに蛇を与える父親がいるだろうか。また、卵を欲しがるのに、さそりを与える父親がいるだろうか。このように、あなたがたは悪い者でありながらも、自分の子供には良い物を与えることを知っている。まして天の父は求める者に聖霊を与えてくださる。」

## 父よ

先週「主の祈り」に関する説教は終わると言いました。しかし、「わたしたちにも祈りを教えてください」という弟子たちの願いに対する主イエスの応答は、今日の箇所まで続いています。

イエス様は、「父よ」と呼びかけることで祈り始めます。「父よ」とは、当時のユダヤ人の言葉で言うと「アッバ」です。幼子が「お父ちゃん」と呼ぶ時の言葉だと言われます。そこには、他の人が割り込むことができない親密さがあります。神様の独り子だからこそ、神様をこのように呼ぶことができるのです。しかし、イエス様はご自分と同じ言葉で神様を呼ぶことを弟子たちに許しておられる、いや命じておられる。神様を「お父ちゃん」（アッバ）と呼びなさいとおっしゃる。そこに神様の「恵み」があることは言うまでもありません。私たちは、半年もかけて御一緒に主の祈りの一つひとつの言葉を味わってきました。そして今、「父よ」（アッバ）と呼びかけて祈ることができる恵みが、どれ程深く大きなものであるかを噛みしめる思いがします。

## 確信に基づく祈り

先週の説教の最後に、私はパウロの言葉を読みました。

「わたしは確信しています。死も、命も、天使も、支配するものも、現在のものも、未来のものも、力あるものも、高い所にいるものも、低い所にいるものも、他のどんな被造物も、わたしたちの主キリスト・イエスによって示された神の愛から、わたしたちを引き離すことはできないのです。」（ローマ八・三八〜三九）

この確信こそが祈りの前提です。この確信がなければ、私たちは真実に祈ることはできません。

## 通常の解釈

そのことを踏まえた上で、今日の箇所の前半を読みます。

　また、弟子たちに言われた。「あなたがたのうちのだれかに友達がいて、真夜中にその人のところに行き、次のように言ったとしよう。『友よ、パンを三つ貸してください。旅行中の友達がわたしのところに立ち寄ったが、何も出すものがないのです。』すると、その人は家の中から答えるにちがいない。『面倒をかけないでください。もう戸は閉めたし、子供たちはわたしのそばで寝ています。起きてあなたに何かをあげるわけにはいきません。』しかし、言っておく。その人は、友達だからということでは起きて何か与えるようなことはなくても、しつように頼めば、起きて来て必要なものは何でも与えるであろう。

　これは譬話です。イエス様は弟子を登場人物にすることで、彼らに考えさせようとしているのです。弟子たちの中の誰かの友達が、真夜中に家に訪ねて来ることを想像させるのです。庶民の家は一部屋かせいぜい二部屋です。食べ物を探すには明かりをつけなければならず、音も立ちます。戸を開ければ冷たい外気も入ってきて、結果として家族を起こすことになります。だから、真夜中に訪ねて来るなんて迷惑なことです。でも、この話の中では、弟子は真夜中の来訪者を歓迎するためになんとかしたいと思い、近くに住む友達の家に行って「パンを三つ貸してください」と頼むことになる。しかし、「面倒をかけないでください」と言われるにちがいない。でも、「しつように頼めば」起きて来て必要なものを何でも与えてくれるだろう。

　この譬話は、神様に対して執拗に頼むこと。求め続けることの大切さを教えるものと解釈されてきました。願うのであれば本気になって願え。本気であるなら、一度や二度断られたからと言って引き下がることはないだろう。人は友情に基づいてだけ好意を与えるのではなく、本気であるかどうかを見ているものだ。天の父だって同じことだ。「求めなさい。そうすれば与えられる」は、必死になって求め続けていれば、神様はきっと応えてくださるという意味で解釈されてきたのです。私も、これまでそういう線で理解してきました。

**やもめと裁判官の譬話**

この先の一八章に、「『やもめと裁判官』のたとえ」と言われる譬話があります。何度も裁判官を訪ねては、自分に有利な判決を出す裁判を開いてくれと願い続けるやもめが登場します。裁判官は、当初、やもめの訴えを聞く気はありませんでした。しかし、何度も自分の所に来られるのは面倒だからという理由で、彼女のために裁判をするのです。

そういう譬話をした後で、イエス様は「まして神は、昼も夜も叫び求めている選ばれた人たちのために裁きを行わずに、彼らをいつまでもほうっておかれることがあろうか」とおっしゃる。この譬話が、今日の譬話と似ていることは明らかです。だから、同じことを言っているように思えるのです。

でも、一八章の方はこういう言葉で始まっています。

**「イエスは、気を落とさずに絶えず祈らなければならないことを教えるために、弟子たちにたとえを話された。」**（ルカ一八・一）

祈りにおいて求められている一つのことは、確かにそういうことだと思います。今日祈って、明日何かが起こらなければ祈らなくなるとすれば、それはそもそも祈りではないでしょう。何年も何年も祈り続ける。それこそが祈りだ、とも言えます。

「主の祈り」は、この二千年間、キリスト者によって祈り続けられてきたものです。二千年間も祈られ続ける一つの理由は、祈り求めていることが実現していないことにあります。天上・地上・地下のあらゆるものが膝を屈めて「イエス・キリストは主である」と告白して、父である神を賛美する神の国がまだ完成していないのです（フィリピ二・一一）。だから、私たちは祈り続ける。「御名が崇められますように」「御国が来ますように」と祈り続けるのです。その祈りを止めることは、キリスト者として生きることを止めることです。

しかし、私たちが祈り続ける理由は、祈り求める事柄がまだ実現していないことにあるだけではありません。私たちが祈り続けるのは、神様の愛を確信するからです。そして、神様を愛しているからです。その確信に基づく愛がなければ、私たちは「お父ちゃん」と呼びかけることなどしないでしょう。

父親が自分を愛していないと思った子どもは、親しみをこめて「お父ちゃん」と呼びかけて何かを願ったり、今日あったことの報告をしたりはしません。交わりを求めないのです。心を閉ざし、口を閉ざし、目を合わせることもしません。しかし、愛を確信できて、自分も父親を愛していれば、「お父ちゃん」と呼びかけて様々な話をするでしょう。その交わり自体が嬉しいのです。祈りは、父なる神様との交わりです。私たちは、聖書を読みながら祈るのです。神様の語りかけを聴きつつ神様に語りかけてもいるからです。礼拝もそういう祈りの時です。その交わりの中に生きる時、私たちは最上の幸福を味わいます。

## しつように頼む?

そのことを踏まえた上で、一一章の初めから一三節までを新たな思いで読み直してみたいと思います。枠になる言葉は「父」です。その「父」とは「天の父」です。天地の造り主にして全能の父であり、御子イエス・キリストの父なる神です。御子の十字架の死と復活を通して、何ものも引き離すことができない愛で私たちを愛してくださっている父です。その父を呼んで祈りなさい。父に願いなさい。求めなさい。主イエスは、そうおっしゃっています。

それは分かるのですが、今日の箇所はよく読むと実は分かりにくいところです。冒頭の主イエスの言葉、「あなたがたのうちの誰かに友達がいて、真夜中にその人の所に行き、次のように言ったとしよう」も、少し分かりにくいと思います。先ほど言いましたように、真夜中に友達の所に行ってパンを貸してくれと頼むのは弟子のうちの誰かです。弟子がなぜそういうことをするかと言うと、旅行中の友達が真夜中に訪ねて来たからです。「友達」という言葉が二度出てきますけれど、それは別人です。

解釈が難しいのは八節です。聖書新共同訳では「しかし、言っておく」となっていますけれど、原文には「しかし」はありません。なぜ翻訳者が「しかし」を入れたかと言うと、その後の文章を「しつように頼めば」と解釈するからです。つまり、友達は友情だけでは起きてくれなくても「しつように頼めば」起きてくれるはずだと解釈しているのです。これが、伝統的にして一般的な解釈です。そして、私たちもその解釈に基づく翻訳で聖書を読んでいるのですから、同じ解釈をするのは、ある意味当然です。

でも、原文では「頼めば」という動詞はないし、「しつように」という訳も疑問なしとしません。ギリシア語では、アナイデイアという言葉です。ここにしか出てこない言葉なので解釈が難しいのです。アナイデイアは、アイドースという言葉に否定辞のアンがくっついた言葉です。アイドースは、テモテの手紙一の二章九節では「慎み」と訳されています。それに否定辞がついたのですから、意味は「恥知らず」となります。真夜中に人を起こしてパンを貸してくれと頼むことが恥知らずだという解釈に基づいて、多くの聖書が「しつように頼む」と訳しています。

## 恥

しかし、恥とか名誉は文化によって異なります。時代によっても変わります。「日本の文化は恥の文化だ」と言われることがあります。多くの日本人が恥とすることを、外国人は理解できない。そういうことがあります。極端な例で言えば、戦争中は「生きて虜囚の辱めを受けず」という教育が徹底されており、負けが分かっている戦場で、「天皇陛下万歳」と言って突撃するとか、手榴弾を腹に抱えて自爆するとか、集団自決するとか、「玉砕」することが名誉なこととされていました。恐ろしいことです。

そのような死に方を名誉なこととするのは、異なる文化圏の人々から見れば理解できないことです。負けが見えれば白旗を上げて捕虜になって生き延びることは恥ではなく、名誉ある敗北だという考え方もあります。

少し前の新聞で読んだことですが、インドのある地方の村で、父親が娘を殺した記事が出ていました。それは「名誉の殺人」と呼ばれるのです。その人の娘は、してはならない恋愛をして妊娠したのです。その場合は、家長が娘を殺すことで家の名誉を守ることになっている。逮捕された父親は、「娘を殺したことを些かも後悔していない。これ以外に家の名誉を守ることはできなかったし、娘だってこうなることは覚悟の上だ」という趣旨のことを言っていました。

数年前に、レバノンの現実を描写する壮絶な映画を見ました。その映画は、キリスト教徒との恋愛によって妊娠した女性が、兄から殺されそうになる場面から始まっていました。兄は、「よくも一族の名誉を汚すことをしてくれたな」と言って、銃の引き金を引こうとする。その寸前に女性の母親が出てきてかろうじて殺されないで済んだのですが、生まれた子は即座に奪われ、女性は村から永久追放されます。連絡もしてはならないのです。死んだも同然です。そのようにしなければ、その家の名誉を守ることができないのです。異教徒との自由な恋愛は、「恥知らず」にして「不名誉」なことであり、そういう行為には、厳しい罰が与えられる。そのようにしなければ、共同体の秩序を保つことができないのです。

かつての日本において、旅人をもてなすことはかなり重要な美徳であったと思います。旅人に頼られることは名誉なことであり、その旅人を盛大にもてなすことで、その人の名が上がるのです。中東の部族社会では、今でもその風習は強いのではないかと思います。もし、訪ねてきた旅人に食事も出さず追い返すようなことをすれば、それは不名誉なことであり恥知らずな者として名が広がってしまい、その部族の中ではまともな人間として扱われなくなるのです。

**どっちが恥知らずなのか？**

そういう文化的背景を考えながら読むと、真夜中に友人にパンを求めることが「恥知らず」なのではなく、むしろ友人の求めを断る方が「恥知らず」であり不名誉ということになります。そもそも、旅行中の友達が真夜中に訪ねてきた時、一言の文句も言わずに何とかもてなそうとした人がいることからこの話は始まっています。また、原文には「しかし」も「頼む」という言葉もなく、五節以降の長い文章は否定の答えを期待する疑問文なのです。要約して言うと、「あなたがたの友人の中には、『面倒をかけないでくれ』と言ってあなたの求めを断るような恥知らずなことをする人がいるだろうか。いや、いるはずがない」となります。決して多くはないのですが、そう解釈する人もいます。私は、この解釈の方が文脈の中では正しいと思います。

この譬話で強調されていることは、友達に対する絶大な信頼です。真夜中だろうが何だろうが、私が求めれば友達は必ず応えてくれるに違いないという確信です。

**その人＝天の父**

この箇所をいろいろと考えながら繰り返し読んでいると、八節が前半の譬話と後半の勧めを繋ぐ文章だと分かります。八節は両者が混ざり合っているというか、人の話と神様の話が混ざっている感じがします。

先ほどの解釈に基づいて八節を訳すと、こうなります。

「わたしはあなたがたに言う。その人は友達だからということではなく、その人自身の名誉のために起きてきて、彼の必要とするすべてのものを与えるだろう。」

ここに出てくるパンを頼まれる友達としての「その人」は、一三節の結論に出てくる「天の父」のことだと思います。こんな人は実際にはいないからです。譬話の中では「友よ、パンを三つ貸してください」となっています。「貸してください」とは、返せる時には返しますということです。そして、借りる物も「三つのパン」とはっきりしています。極めて現実的な話です。

しかし、七節に「起きて何かをあげるわけにはいきません」とありますが、「あげる」は「与える」（ディドーミ）です。七節から一三節までの間に六回も出てくる言葉は「与える」であって「貸す」ではないのです。

「その人は友達だからということではなく、その人自身の名誉のために起きてきて、彼の必要とするすべてのものを与えるだろう。」

「パンを三つ」どころではない。「必要なものすべて」を「貸す」のではなく「与える」。こういうことをする人は、現実にはいません。これは天の父である神様の行為です。イエス様は極めて人間的な譬話をしつつ、ここから神様の話を始めておられると思います。だから、「わたしは言っておく。求めなさい。……探しなさい。……門をたたきなさい」と続けられるのです。つまり、「あなたがたが求める相手は、人ではなく神なのだ。それも、あなたがたの父となってくださった神なのだ」ということです。

その後に続くイエス様の言葉は、誇張表現です。子どもが魚を欲しがる（求める）のに蛇を与え、卵を欲しがるのにさそりを与える父親はいません。「あなたがたが悪い者でありながら」とは、「神の御心を知らない罪人でありながら」という意味だと思いますけれど、そういう者でさえ「自分の子供には良い物を与えることを知っている」。「まして天の父は求める者に聖霊を与えてくださる」とおっしゃるのです。「神様とは、そういう方なのだ。その神様を信頼し、『アッバ、父よ』と祈りなさい。だれでも求める者は受け、探す者は見つけ、門をたたく者には開かれる。そこに神様の名誉、栄光が現れるのだ。」イエス様は、そうおっしゃっていると思います。

## 何を求めるのか？

「求める」「探す」「門をたたく」は、対象が神様である時はすべて祈りを意味しますし、内容的には一つのことだと言ってよいでしょう。しかし、何を求め、探し、門をたたくのかについて、イエス様はお語りになっていません。それは、主の祈りが前提になっているからでしょう。主イエスが教えてくださった祈りを祈ることが、「求め」「探し」「門をたたく」ことなのです。そして、主の祈りもまた、実は一つのことを祈っているのだと思うのです。

その一つのこととは、神様を「父よ」（アッバ）と呼ぶことです。自分だけでなく、すべての人々が神様を「父よ」と呼ぶことができますようにという祈りです。そこに御名を崇めることがあり、御国があり、生きるために必要な糧があり、罪の赦しがあり、誘惑からの守りがあるのです。神様を「アッバ、父よ」と呼ぶことは、「わたしたちの主キリスト・イエスによって示された神の愛から、わたしたちを引き離すことはできない」と確信することと同じです。「すべての人がその確信を与えられ、神を愛し、互いに愛し合うことができますように。」それが、私たちに与えられた祈りです。

パウロは、神の愛に対する確信を語る前に、こう言っています。

「神の霊によって導かれる者は皆、神の子なのです。あなたがたは、人を奴隷として再び恐れに陥れる霊ではなく、神の子とする霊を受けたのです。この霊によってわたしたちは、『アッバ、父よ』と呼ぶのです。この霊こそは、わたしたちが神の子供であることを、わたしたちの霊と一緒になって証ししてくださいます。もし子供であれば、相続人でもあります。神の相続人、しかもキリストと共同の相続人です。キリストと共に苦しむなら、共にその栄光をも受けるからです。」

（ローマ八・一四～一七）

キリストと共に何を相続するのかと言えば、御国です。キリストの復活に与る神の国です。そこにおいては、誰もが神の御顔を拝して「父よ」と呼んで賛美できるのです。そこに私たちの究極の救いがあります。また、最上の幸福がある。私たちは、そこに向かって生きている。それが私たちの希望です。様々な試練、誘惑に遭い、挫折と失敗を繰り返し、しばしば絶望的な気分に落ち込みつつも、それを上回る希望が、私たちには与えられているのです。それは、神の霊、聖霊が与えられているからです。聖霊が注がれる時、私たちの心は新たな息吹に生かされて、「わたしたちの主キリスト・イエスによって示された神の愛から、わたしたちを引き離せる」ものはないことを確信し、「アッバ、父よ」と呼びかけ、賛美することができるのです。

だから、私たちが求めるべきものは聖霊なのです。聖霊こそが、私たちに神の国到来の希望を与えてくれるものだからです。それ故に、イエス様はこの先で、「ただ、神の国を求めなさい。そうすれば、これらのものは加えて与えられる。小さな群れよ、恐れるな。あなたがたの父は喜んで神の国をくださる」とおっしゃっているのです。今既に来りつつある神の国を生きることと、聖霊を受け入れて生きることは、基本的に同じことです。

**神の国を求めなさい**

今日の箇所だけを読むと、神様の愛を信じて祈り求めれば、神様はどんなものでも与えてくださるとおっしゃっているように思えます。しかし、イエス様はそんなことをおっしゃっているのではありません。信仰をもって祈るとは、聖霊の導きの中で神様のために祈ることです。神様の御心の実現を求めて祈るのです。そして、私たちが「父よ」と呼んで祈る神様は「小さな群れ」である私たちを愛し、常に最上のものを与えようとしてくださっているお方なのです。私たちのために生きてくださっている父なのです。この神様は、「その独り子をお与えになったほどに世を愛し」（ヨハネ三・一六）てくださる神様です。その神様に対して全身全霊をささげて「アッバ、父よ」と祈ることができる時、そこに既に御国があるのです。「その御国を求めなさい、探しなさい、門をたたきなさい」と主イエスは言われる。「必ず与えられるから」と。「聖霊の注ぎを受けつつ祈る時、私があなたがたのために私の命を与えたことが分かる」と。

## 門をたたく

その祈りの中で、私たちが知ることがあります。それは、神様の方が私たちを求め、探し、心の門をたたいてくださっている、ということです。

ヨハネの黙示録にこういう言葉があります。

「わたしは愛する者を皆、叱ったり、鍛えたりする。だから、熱心に努めよ。悔い改めよ。見よ、わたしは戸口に立って、たたいている。だれかわたしの声を聞いて戸を開ける者があれば、わたしは中に入ってその者と共に食事をし、彼もまた、わたしと共に食事をするであろう。勝利を得る者を、わたしは自分の座に共に座らせよう。わたしが勝利を得て、わたしの父と共にその玉座に着いたのと同じように。耳ある者は、〝霊〟が諸教会に告げることを聞くがよい。」（黙示三・一九～二二）

この霊の言葉を聴きとるために、そして「アーメン、主イエスよ、信じます」と応答するために必要なのは、聖霊です。だから、私たちが最も必要としているのは聖霊なのです。その聖霊こそ、信仰を与えてくださるものであり、真の父である天の父の愛を知らせてくれるものだからです。

聖霊を求める者であれば誰でも、神様は与えてくださいます。取り返しがつかない過ちを犯してしまい、人には赦されない者でも、罪の赦しと新しい命を与えてくれる聖霊を求めるならば、天の父はご自身の名誉にかけて聖霊を与えつつ「我が子よ、よく帰って来た。待っていた」と言って抱きしめてくださるのです。

主イエスは、罪に堕ちた私たちが父の許に帰る道となるためにこの世に到来し、十字架の裁きを受け、復活して天に挙げられたのです。十字架の上にご自身の命をささげることによって、私たちに新しい命を与えてくださったのです。私たちは、聖霊を与えられることによって、そこに現れている神様の愛を信じることができ、今日も溢れる感謝をもって「アッバ、父よ」と呼ぶことができるのです。こんな「恵み」は、他にはありません。この「恵み」を今日新たに感謝し、一人でも多くの方たちと分かち合うために今日からの歩みを始めたいと思います。

まして天の父は

聖なる御父
あなたの御名を崇め、感謝をいたします。あなたは私どもを決してお見捨てになることなく、顧み、憐れみ、こうしてまた主の日に御前に集めてくださいました。私どもが幾度あなたを悲しませることをしても、幾度裏切っても、七たびを七十倍するまでのあなたの赦しが私どもを捉えて、そしてあなたの御言葉と聖霊が私どもに新たに信仰を与えてくださり、こうしてあなたに祈ることができます。あなたを賛美することができます。そして、あなたの霊の言葉を聴くことができます。すべてあなたのお恵みです。その恵みを感謝いたします。その恵みを分かち合うために、これからの時を過ごすことができますように。この一週間の歩みも、与えられた恵みを、与えられ続けている恵みを証しし、分かち合うために生きることができますように。絶えず、御言葉の語りかけ、聖霊の注ぎをその耳で聴き、心で聴き、心に受け入れて歩むことができますように、私たちを守り導いてください。主イエス・キリストの御名によってお願いをいたします。アーメン

（二〇一三年十月二十七日）

# 参考図書

## 註解書


K・H・レングストルフ『ルカによる福音書』泉治典・渋谷浩訳、NTD新約聖書註解刊行会、一九七六年
『説教者のための聖書講解・ルカによる福音書』日本基督教団出版局、一九八九年
F・B・クラドック『ルカによる福音書』宮本あかり訳、日本基督教団出版局、一九九七年
G・B・ケアード『ルカによる福音書注解』藤崎修訳、教文館、二〇〇一年
R・A・カルペパー『ルカによる福音書』太田修司訳、NIB新約聖書註解4、ATD・NTD聖書註解刊行会、二〇〇二年
H・ミュンデル『ルカによる福音書Ⅱ』登家勝也訳、教文館、二〇〇八年


## 説教集（ルカ・マタイ福音書）


榊原康夫『ルカ福音書講解4』教文館、二〇〇六年
『マタイ福音書講解　上巻』小峰書店、一九七二年
加藤常昭『ルカによる福音書2』ヨルダン社、一九九五年
『マタイによる福音書2』ヨルダン社、一九九〇年


## 主の祈り関係


福田正俊『主の祈り』日本基督教団出版局、一九七九年

H・ティーリケ『主の祈り』大崎節郎訳、新教出版社、一九八七年
K・バルト『キリスト教的生Ⅰ』天野有訳、新教出版社、一九九八年
　『キリスト教的生Ⅱ』天野有訳、新教出版社、一九九八年
O・クルマン『新約聖書における祈り』川村輝典訳、教文館、一九九九年
J・M・ロッホマン『われらの父よ——主の祈り講解』南吉衛、南含訳、キリスト新聞社、二〇〇一年
M・フィロネン『主の祈り』加藤隆訳、新教出版社、二〇〇三年
W・H・ウィリモン、S・ハワーワス『主の祈り』平野克己訳、日本キリスト教団出版局、二〇〇三年
W・リュティ『主の祈り』野崎卓道訳、新教出版社、二〇一三年

# あとがき

本書は中渋谷教会でなされたルカによる福音書の連続講解説教の「主の祈り」にあたる部分である。しかしながら、いわゆる「主の祈り」にあたる箇所では、マタイによる福音書をも並行テキストとして取りあげた。

「主の祈り」は、主イエスの教えの中心であり、中核である。主が教えてくださったこの祈りを本質的に祈りきるならば、福音を生きたということになるだろう。この講解説教をとおして、主イエスが父と呼ばれる全知全能の主なる神を、主イエスをとおして私たちもまた、同じように「我が主」「我が父」と呼べる幸いを深く思わされている。

実は、本書の出版を間近に脳梗塞を発症し、三週間にわたって意識が朦朧とした時を過ごした。いま新たに生命を与えられ、わたしたちがどうしても知っておかなければならないのは、自分に命を与えられたのは誰かということなのだと改めて思う。講解説教では、主イエスが父と呼ぶ全知全能の主なる神こそが、そのお方であると語った。そしてこの方を主イエスと同様に「我が主」「我が父」と呼べる幸いを深く思う。この幸いを語り継ぐことに、私のこれからの人生はあるのだろう。

主イエスをとおして父なる神と出会い、「父」よ、と呼びつつ、「信仰の創始者または完成者であるイエスを見つめながら」生きることができる。「主の祈り」は、わたしたちがその幸いと喜びのもとへと招かれていることを教えているのである。

二〇一五年三月

及川　信

# 主の祈り
## 説教と黙想

発行日……二〇一五年五月一日　第一版第一刷発行
定価……［本体一、八〇〇＋消費税］円
著者……及川　信
発行者……西村勝佳
発行所……株式会社一麦出版社
札幌市南区北ノ沢三丁目四—一〇　〒〇〇五—〇八三二
郵便振替〇二七五〇—三—二七八〇九
電話（〇一一）五七八—五八八八　FAX（〇一一）五七八—四八八八
URL http://www.ichibaku.co.jp/
携帯サイト http://mobile.ichibaku.co.jp/
印刷……株式会社アイワード
製本……石田製本株式会社
装釘……須田照生


ISBN978-4-86325-074-1 C0016

一麦出版社の本

## 盲人の癒し・死人の復活
ヨハネによる福音書　説教と黙想　及川信

「しるし」としての「奇跡」。二つの奇跡は、あなたに何を語りかけているのか。ヨハネ福音書を愛した新約学者松永希久夫の教えに基づく「釈義と黙想」から生み出された綿密な講解説教。

四六判　定価［本体1900＋税］円

## イエス・キリストの系図の中の女性たち
久野牧

系図の中にその名をもって登場する女性たちは、決してひとくくりにすることはできない。それぞれが固有の意味や理由があって、神の救いの歴史の中で用いられている者たちである。私たちに与えられている役割は？

四六判変型　定価［本体1400＋税］円

## 信仰のいろはをつづる
魂の解剖図と告白　ニクラウス・ペーター　大石周平訳

フラウミュンスター教会説教集Ⅰ　スイスで今最も注目を集める説教者！　神のみ前に生きるわたしたちを心底肯定するメッセージ。むずかしい神学用語を用いずわかりやすい言葉で説き明かす。

四六判　定価［本体2400＋税］円

## ローマ書　Ⅰ・Ⅱ・Ⅲ
小説教　林勵三

礼拝で聴かれたみ言葉。要点を丹念に、週報に書き記してきた。Ⅰは1章1節から5章21節、Ⅱは6章1節から10章21節、Ⅲは11章1節から16章27節。デボーションとして最適。

四六判　定価各［本体1600＋税］円

## マタイによる福音書
〈1章から7章の説教〉　林勵三

マタイの語る福音をしっかりと聞き取りたい。インマヌエルの主イエスを証言し、山上の説教が語るメッセージを説き明かす――珠玉の小説教。青年会などのテキストに最適。

四六判　定価［本体1800＋税］円

## マタイによる福音書
〈8章から12章の説教〉　林勵三

「天国が近づいた」と宣べ伝えよ――。わたしたちは〈知っている者〉ではなく、〈行う者となる〉ことによって、キリストの証人となる。証人となることを強く促され、喜ばしく思わされる。励ましと促しに満ちた説教。

四六判　定価［本体1700＋税］円